Advance 12
Deutsche Grammtik für Anfänger

アドヴァンス 12

初級ドイツ語文法

神竹道士

Ikubundo

この教科書の音声は，下記の郁文堂のホームページよりダウンロードすることができます。

https://www.ikubundo.com/related/99

♪2　本文中のこのマークは音声収録箇所を示しています。
数字は頭出しの番号です。

ま え が き

　本書は、ドイツ語を初めて学ぶ人のための文法書です。

　到達目標としては、CEFR（欧州言語共通参照枠）の A1 から A2 レベルを想定しています。少ない授業時間数に対応するために、全体のユニット数は 12 課となっています。そのため、説明に時間を要する一部の文法項目（受動文、関係文、接続法）は、本課では扱っていません。ただし、授業時間数にゆとりがある場合に備えて、本課の後に別添あるいは選択として Selektion I と II の中で、本課と同様の構成内容にして取り上げています。第 2 外国語のそれぞれの教育現場の実情に応じてご利用ください。

　ドイツ語は、文法が非常に精緻な体系をなしているので、他の言語と比べて非常にむずかしいとよく言われます。そのむずかしいドイツ語文法を、分かりやすさを第一に考えてまとめてみました。

　各課 4 頁で構成されています。最初の 1 ～ 2 頁では、学習項目が一目で分かるように、左右の見開きに例文と文法説明を載せました。次の 3 ～ 4 頁では、練習問題と作文が左右の見開きに分かりやすく展開するようになっています。問題数は、練習という実践の中で文法が習得できるように、少し多めに設定しました。

　本書の大きな特徴としては、例文と作文の両方に「基本」(Basis) と「対話」(Dialog) が併記してあることです。自ら発話（発信）するための基本を身につけることと、実際の会話（対話）の流れを重視することで、確実にドイツ語の運用能力を習得できるように工夫しました。

　本来、外国語学習は楽しいものであるべきで、生涯学習にもなり得る価値あるものです。ドイツ語に限らず第 2 外国語の学習に際しては、英語を初めて学んだ時とは一味違った新鮮で、不思議な感覚に気づくことがあるかもしれません。どうか無理せず、覚えることより慣れることに重点を置いて、コツコツと学んでください。ほんの少し前に出るだけで、そこには知らない世界が広がっています。

　最後になりましたが、本書の企画と刊行に際しましては、郁文堂の柏倉健介氏に大変お世話になりました。この場をお借りして御礼申し上げます。本書が、ドイツ語学習に少しでもお役に立てることを心より願っています。

2024 年　春

筆　者

ドイツ語圏地図

1:5,430,000
0   100   200km

Schweden

Nordsee

Ostsee

Kopenhagen

Dänemark

Flensburg

Husum

Kiel

Schleswig-Holstein

Neumünster

Stralsund

Rostock

Mecklenburg-Vorpommern

Schwerin

Neubrandenburg

Müritz

Cuxhaven

Freiburg(Elbe)

Lübeck

Wilhelmshaven

Bremerhaven

Hamburg

Emden

Lüneburg

Wittenberge

Warthe

Oldenburg

Bremen

Niedersachsen

Elbe

Brandenburg

Celle

Wolfsburg

Potsdam

Berlin

Polen

Osnabrück

Hannover

Hildesheim

Braunschweig

Magdeburg

Frankfurt
an der Oder

Oder

Münster

Bielefeld

Hameln

Salzgitter

Sachsen-Anhalt

Eisenhüttenstadt

Niederlande

Rhein

Essen

Dortmund

Nordrhein-Westfalen

Göttingen

Dessau-Roßlau

Cottbus

Duisburg

Bochum

Kassel

Halle(Saale)

Leipzig

Sachsen

Neiße

Düsseldorf

Solingen

Saale

Meißen

Dresden

Köln

Eisenach

Weimar

Jena

Gera

Chemnitz

Aachen

Bonn

Hessen

Erfurt

Thüringen

Zwickau

Marburg

Fulda

Belgien

Gießen

Deutschland

Koblenz

Rheinland-Pfalz

Bingen am Rhein

Wiesbaden

Frankfurt am Main

Main

Prag

Luxemburg

Mainz

Darmstadt

Bayreuth

Tschechische Republik

Luxemburg

Trier

Worms

Würzburg

Bamberg

Mosel

Saarland

Mannheim

Nürnberg

Moldau

Saarbrücken

Heidelberg

Weinsberg

Rothenburg
ob der Tauber

Karlsruhe

Bayern

Regensburg

Frankreich

Stuttgart

Donau

Rhein

Baden-Baden

Neckar

Tübingen

Ulm

Isar

Passau

Krems an der Donau

Wien

Baden-Württemberg

Augsburg

Inn

Linz

Freiburg im Breisgau

Ammersee

Eisenstadt

Starnberger See

München

Salzburg

Neusiedler See

Bodensee

Füssen

Garmisch-
Partenkirchen

Chiemsee

Watzmann(2713)

Basel

Konstanz

Bregenz

Zugspitze(2962)

Österreich

Zürich

Innsbruck

Graz

Zürichsee

Bern

Vaduz

Großglockner (3798)

Schweiz

Liechtenstein

Lienz

Lausanne

Eiger(3970)

Villach

Klagenfurt

Jungfrau (4158)

Genfersee

Slowenien

Genf

Bellinzona

Italien

Matterhorn(4478)

Monte Rosa(4634)

Lugano

Mont Blanc(4810)

目　　次

Das Alphabet

♪2

A	a	𝒜	𝑎	[a:]	Q	q	𝒬	𝑞	[ku:]
B	b	ℬ	𝑏	[be:]	R	r	ℛ	𝑟	[ɛr]
C	c	𝒞	𝑐	[tse:]	S	s	𝒮	𝑠	[ɛs]
D	d	𝒟	𝑑	[de:]	T	t	𝒯	𝑡	[te:]
E	e	ℰ	𝑒	[e:]	U	u	𝒰	𝑢	[u:]
F	f	ℱ	𝑓	[ɛf]	V	v	𝒱	𝑣	[faʊ]
G	g	𝒢	𝑔	[ge:]	W	w	𝒲	𝑤	[ve:]
H	h	ℋ	ℎ	[ha:]	X	x	𝒳	𝑥	[ɪks]
I	i	𝒥	𝑖	[i:]	Y	y	𝒴	𝑦	[ˈʏpsilɔn]
J	j	𝒥	𝑗	[jɔt]	Z	z	𝒵	𝑧	[tsɛt]
K	k	𝒦	𝑘	[ka:]					
L	l	ℒ	𝑙	[ɛl]	Ä	ä	𝒜̈	𝑎̈	[ɛ:]
M	m	ℳ	𝑚	[ɛm]	Ö	ö	𝒪̈	𝑜̈	[ø:]
N	n	𝒩	𝑛	[ɛn]	Ü	ü	𝒰̈	𝑢̈	[y:]
O	o	𝒪	𝑜	[o:]					
P	p	𝒫	𝑝	[pe:]		ß		ß	[ɛs-tsɛ́t]

特　徴

➡ 綴りの読み方は、ローマ字の読み方に似ている。

➡ アルファベット文字は、原則すべて発音する。

➡ アクセントは、外来語を除き、ほとんど第1音節にくる。

1　母音　♪3

➡ 1つの子音字の前では長く、2つ以上の子音字の前では短い。

a [a:][a]	Name 名前	Tafel （掲示用の）板	alt 年老いた
e [e:][ɛ]	beten 祈る	Esel ロバ	Fest 祝祭
i [i:][ɪ]	Kino 映画館	Stil 様式	Bitte 頼み
o [o:][ɔ]	Boden 土地	loben ほめる	Ost 東
u [u:][ʊ]	Blume 花	gut よい	Luft 空気

➡ 母音＋hは長音となる。

Bahn 鉄道　　gehen 行く（歩く）　　Kuh 雌牛

2　変母音（Umlaut ウムラウト）　♪4

ä [ɛ:][ɛ]　「ア」の口の形のまま、舌を少し前へずらして「エ」と発音する。

Käse チーズ　　Nähe 近く　　Kälte 寒さ

ö [ø:][œ]　「オ」の口の形のまま、舌を少し前へずらして「エ」と発音する。

Öl 油　　Söhne 息子（複）　　Löffel スプーン

ü [y:][ʏ]　「ウ」の口の形のまま、舌を少し前へずらして「イ」と発音する。

Lüge うそ　　Bühne 舞台　　Hütte 小屋

3　注意すべき母音の結合　♪5

aa [a:]	Aal ウナギ	Saal 広間	Paar 一組のもの
ee [e:]	Tee 紅茶	Meer 海	Idee アイディア
oo [o:]	Boot ボート	Zoo 動物園	Moor 湿原
ei [ai]	eins 1	zwei 2	drei 3
eu, äu [ɔʏ]	Leute 人々	heute 今日	Europa ヨーロッパ
	Gebäude 建物	Säule 円柱	Häuser 家（複）
ie [i:]	Liebe 愛	Biene ミツバチ	sieben 7

4 r の母音化 ♪6

語末の -r [ɐ]　　Bier ビール　　Tier 動物　　Tor 門

語末の -er [ɐ]　　Vater 父　　Mutter 母　　Bruder 兄、弟

5 子音 ♪7

① 注意すべき子音

j [j]　　Japan 日本　　Jugend 青春　　jetzt 今

v [f]　　Vogel 鳥　　Volk 民族　　vier 4

w [v]　　Wagen 自動車　　Wohnung 住まい　　Wein ワイン

x [ks]　　Text テキスト　　Examen 試験　　Hexe 魔女

z [ts]　　Ziel 目標　　Zug 列車　　Zeit 時 (時間)

② 語末の -b, -d, -g

-b [p]　　halb 半分の　　Dieb どろぼう　　gelb 黄色の

-d [t]　　Hand 手　　Kind 子供　　Sand 砂

-g [k]　　Tag 日　　Berg 山　　Burg [山] 城

➡ -b, -d, -g の後ろに母音がくると、有声音になる。

Diebe どろぼう（複）　　Hände 手（複）　　Berge 山（複）

③ -ig

-ig [iç]　König 王　　ruhig 静かな　　Honig はちみつ

④ ch

a,o,u,au の後 [x]　　Dach 屋根　　Kuchen ケーキ　　Bauch 腹

e,i の後 [ç]　　Recht 権利　　Becher コップ　　Milch 牛乳

⑤ s

s ＋母音 [z]　　Gesetz 法律　　Sonne 太陽　　singen 歌う

母音 / 子音＋ s [s]　　Bus バス　　Kunst 芸術　　Lust 気持ち

⑥ ss と ß

短母音＋ ss [s]　　　　essen 食べる　　Wasser 水　　Sessel 肘掛け椅子

長母音 / 複母音＋ ß [s]　groß 大きい　　süß 甘い　　heiß 熱い

⑦ 注意すべき複子音など

sch [ʃ]	Schule 学校	schön 美しい	scharf 鋭い
sp [ʃp]	spielen 遊ぶ	sprechen 話す	Sprache 言語
st [ʃt]	Stein 石	Stunde 時間	stark 強い
tsch [tʃ]	Deutsch ドイツ語	tschüs バイバイ	rutschen 滑る
pf [pf]	Apfel リンゴ	Kopf 頭	Pflanze 植物
qu [kv]	Qualität 質	Quelle 泉	Quittung 領収書

⑧ 外来語

Familie 家族	Vulkan 火山	Restaurant レストラン
Genie 天才	Garage 車庫	Abonnement 予約購読

第 1 課　人称代名詞 (1) / sein 動詞 / 動詞の現在人称変化 (1) / 疑問詞

♪8

基本例文 1-a Basisbeispiel

Ich bin Student.	私は大学生（男性）です。
Du bist auch Studentin.	君も大学生（女性）です。
Wir sind aktiv.	私たちは活動的です。
Ihr seid auch aktiv.	君たちも活動的です。

対話例文 1-a Dialogbeispiel

A: Sind Sie Deutscher?	あなたはドイツ人（男性）ですか？
B: Ja, ich bin Deutscher.	はい、私はドイツ人（男性）です。
A: Ist sie Österreicherin?	彼女はオーストリア人（女性）ですか？
B: Nein, sie ist Schweizerin.	いいえ、彼女はスイス人（女性）です。

1 人称代名詞 (1)

	単　数	複　数
1 人称	ich　私	wir　私たち
2 人称（親称）	du　君	ihr　君たち
3 人称	er　彼 sie　彼女 es　それ	sie　彼（彼女, それ）ら
2 人称（敬称）	Sie　あなた / あなた方	

➡ 親称の du/ihr は主に家族、友人、子ども、学生同士などで用いる。

➡ 敬称の Sie は主に初対面の人やそれほど親しくない成人などに対して用いる。

➡ 敬称の Sie は文頭以外のどこにあっても大文字書きとする。

2 sein 動詞

	単数		複数	
1 人称	ich	bin	wir	sind
2 人称（親称）	du	bist	ihr	seid
3 人称	er sie es	ist	sie	sind
2 人称（敬称）	Sie	sind		

基本例文 **1-b** Basisbeispiel

Ich lerne Deutsch.	私はドイツ語を学んでいます。
Du lernst auch Deutsch.	君もドイツ語を学んでいます。
Wir spielen Fußball.	私たちはサッカーをします。
Ihr spielt Tennis.	君たちはテニスをします。

対話例文 **1-b** Dialogbeispiel

A : Wie heißen Sie?	あなたは何という名前ですか？
B : Ich heiße Thomas Müller.	私はトーマス・ミュラーという名前です。
A : Woher kommen Sie?	あなたはどこから来ましたか？
B : Ich komme aus Stuttgart.	私はシュトゥットガルトから来ました。

3 動詞の現在人称変化（1） 規則動詞の現在人称変化

		不定詞	kommen 来る	wohnen 住んでいる	machen する、作る	lernen 学ぶ	spielen する、演奏する
単 数	1人称 ich		komme	wohne	mache	lerne	spiele
	2人称親称 du		kommst	wohnst	machst	lernst	spielst
	3人称 er/sie/es		kommt	wohnt	macht	lernt	spielt
複 数	1人称 wir		kommen	wohnen	machen	lernen	spielen
	2人称親称 ihr		kommt	wohnt	macht	lernt	spielt
	3人称 sie		kommen	wohnen	machen	lernen	spielen
単・複	2人称敬称 Sie		kommen	wohnen	machen	lernen	spielen

・注意すべき動詞

	arbeiten 働く	heißen 名前である
ich	arbeite	heiße
du	arbeitest	heißt
er	arbeitet	heißt
wir	arbeiten	heißen
ihr	arbeitet	heißt
sie/Sie	arbeiten	heißen

➡ 動詞の不定詞（原形）は、語幹＋語尾 en からなる。

➡ 主に語尾 en が主語の人称と数（単数・複数）に応じて人称変化する。

➡ 敬称の Sie は3人称複数 sie からの転用なので、動詞の人称変化は3人称複数形と同じである。

4 疑問詞

wann いつ wo どこに（で） wer 誰が was 何が（を） wie どのように

warum なぜ woher どこから wohin どこへ wie viel どれだけ

1．下線部に sein 動詞を適当に人称変化させて書きましょう。 ♪10

1）Ich ＿＿＿＿＿＿＿＿ Japaner.

2）Du ＿＿＿＿＿＿＿＿ auch Japanerin.

3）Er ＿＿＿＿＿＿＿＿ Deutscher.

4）Sie ＿＿＿＿＿＿＿＿ auch Deutsche. （sie 彼女）

5）Wir ＿＿＿＿＿＿＿＿ pünktlich. （pünktlich 時間に正確な）

6）Ihr ＿＿＿＿＿＿＿＿ auch pünktlich.

7）Sie ＿＿＿＿＿＿＿＿ sehr nett. （sie 彼ら / nett 親切な）

2．下線部に指示された動詞を適当に人称変化させて書きましょう。 ♪11

1）Ich ＿＿＿＿＿＿＿＿ aus Japan. 〈kommen〉

2）Du ＿＿＿＿＿＿＿＿ aus England. 〈kommen〉 （England イギリス）

3）Er ＿＿＿＿＿＿＿＿ in Bremen. 〈wohnen〉

4）Sie ＿＿＿＿＿＿＿＿ in Köln. 〈wohnen〉 （sie 彼女）

5）Wir ＿＿＿＿＿＿＿＿ Deutsch. 〈lernen〉

6）Ihr ＿＿＿＿＿＿＿＿ Französisch. 〈lernen〉 （Französisch フランス語）

7）Sie ＿＿＿＿＿＿＿＿ Klavier. 〈spielen〉 （敬称 Sie / Klavier ピアノ）

3．下線部の人称代名詞を、指示に従って変えましょう。 ♪12

1）<u>Ich</u> komme pünktlich. 〈親称 du に〉

　➡ Du ＿＿＿＿＿＿＿ ＿＿＿＿＿＿＿ .

2）<u>Wir</u> arbeiten fleißig. 〈ihr に〉

　➡ Ihr ＿＿＿＿＿＿＿ ＿＿＿＿＿＿＿ .

3）<u>Du</u> bist gesund. 〈sie(彼女)に〉 （gesund 健康な）

　➡ Sie ＿＿＿＿＿＿＿ ＿＿＿＿＿＿＿ .

4）Wer bist <u>du</u>? 〈敬称 Sie に〉

　➡ Wer ＿＿＿＿＿＿＿ ＿＿＿＿＿＿＿ ?

5）Wie heißen <u>Sie</u>? 〈親称 du に〉

　➡ Wie ＿＿＿＿＿＿＿ ＿＿＿＿＿＿＿ ?

6）Wo wohnst <u>du</u>? 〈敬称 Sie に〉

　➡ Wo ＿＿＿＿＿＿＿ ＿＿＿＿＿＿＿ ?

7）Was machen <u>Sie</u>? 〈er に〉

　➡ Was ＿＿＿＿＿＿＿ ＿＿＿＿＿＿＿ ?

基 本 Basis　♪13

1. 私はイングリット・バウマンといいます。

　　＿＿＿＿＿＿＿＿　＿＿＿＿＿＿＿　Ingrid Baumann.

2. 私はウィーンから来ました。

　　＿＿＿＿＿＿＿＿　＿＿＿＿＿＿＿　aus Wien.

3. 私はオペラ歌手（女性）です。

　　＿＿＿＿＿＿＿＿　＿＿＿＿＿＿＿　Opernsängerin.

4. 私は今、日本語を学んでいます。

　　＿＿＿＿＿＿＿＿　＿＿＿＿＿＿＿　jetzt Japanisch.

対 話 Dialog　♪14

1. Ⓐ あなたは（敬称）ドイツ人（男性）ですか？

　　＿＿＿＿＿＿＿＿　＿＿＿＿＿＿＿　Deutscher?

　　Ⓑ はい、私はドイツ人（男性）です。

　　Ja, ＿＿＿＿＿＿＿＿　＿＿＿＿＿＿＿　＿＿＿＿＿＿＿ .

2. Ⓐ 君は（親称）日本人（女性）なの？

　　＿＿＿＿＿＿＿＿　＿＿＿＿＿＿＿　Japanerin?

　　Ⓑ はい、私は日本人（女性）です。

　　Ja, ＿＿＿＿＿＿＿＿　＿＿＿＿＿＿＿　＿＿＿＿＿＿＿ .

3. Ⓐ 彼はオーストリア人（男性）ですか？

　　＿＿＿＿＿＿＿＿　＿＿＿＿＿＿＿　Österreicher?

　　Ⓑ はい、彼はオーストリア人（男性）です。

　　Ja, ＿＿＿＿＿＿＿＿　＿＿＿＿＿＿＿　＿＿＿＿＿＿＿ .

4. Ⓐ 彼女はスイス人（女性）ですか？

　　＿＿＿＿＿＿＿＿　＿＿＿＿＿＿＿　Schweizerin?

　　Ⓑ はい、彼女はスイス人（女性）です。

　　Ja, ＿＿＿＿＿＿＿＿　＿＿＿＿＿＿＿　＿＿＿＿＿＿＿ .

5. Ⓐ 君たちは（親称）どこから来たの？

　　＿＿＿＿＿＿＿＿　＿＿＿＿＿＿＿　ihr?

　　Ⓑ 私たちはフランスから来ました。

　　＿＿＿＿＿＿＿＿　＿＿＿＿＿＿＿　aus Frankreich.

第2課　名詞の性 / 定冠詞と不定冠詞 / haben 動詞

♪15　**基本例文**　2-a　Basisbeispiel

Das ist ein Mann.	これは男性です。
Der Mann ist fleißig.	この（その）男性は勤勉です。
Das ist eine Frau.	これは女性です。
Die Frau ist nett.	この（その）女性は親切です。
Das ist ein Kind.	これは子供です。
Das Kind ist sehr klug.	この（その）子供はとても賢い。

対話例文　2-a　Dialogbeispiel

A：Was ist das?	これ（それ）は何ですか？
B：Das ist ein Buch.	それ（これ）は本です。
A：Ist das Buch interessant?	この（その）本は面白いですか？
B：Ja, das Buch ist interessant.	はい、その（この）本は面白いです。

1 名詞の性

```
          単数：三つの性（男性・女性・中性）に分かれる
名詞
          複数：性の区別がない
```

性別と一致する名詞

　　男性名詞：Vater（父）, Herr（紳士）, Mann（男、夫）, Sohn（息子）等
　　女性名詞：Mutter（母）, Dame（ご婦人）, Frau（女性、妻）, Tochter（娘）等
➡ 名詞の性は、性別と一致するものを除き、すべて文法上の性によって三つに区別される。

2 定冠詞と不定冠詞

	男性	女性	中性	複数
定冠詞	der	die	das	die
不定冠詞	ein	eine	ein	—

➡ 定冠詞は既出のものや特定のものを指し、「その、この、あの〜」の意味をもつ。
➡ 不定冠詞は初出のものや初めて話題にのぼるもの（単数）を指し、「ある〜」の意味をもつ。
➡ 不定冠詞は基数 ein に由来するので、「一つの、一個の〜」の意味を有する。

《重要》　名詞の性は、主に冠詞によって表示される。
　　　　　名詞には冠詞がつく場合と、つかない場合（無冠詞用法）がある。

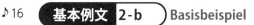

♪16 **基本例文** `2-b` Basisbeispiel

Der Schüler hat eine Katze.　　その（男子）生徒はネコを１匹飼っている。
Das ist die Katze des Schülers.　これがその（男子）生徒のネコです。

対話例文 `2-b` Dialogbeispiel

A：Hast du Geschwister?　　　　　君は兄弟（姉妹）がいるの？
B：Ja, ich habe einen Bruder.　　　はい、兄（弟）が一人います。
A：Wem ist der Bruder ähnlich?　　お兄さん（弟さん）は誰に似ているの？
B：Der Bruder ist dem Vater ähnlich.　兄（弟）は父に似ています。

▪ **定冠詞の格変化**

	男性	女性	中性	複数
1格	der	die	das	die
2格	des	der	des	der
3格	dem	der	dem	den
4格	den	die	das	die

▪ **不定冠詞の格変化**

	男性	女性	中性
1格	ein	eine	ein
2格	eines	einer	eines
3格	einem	einer	einem
4格	einen	eine	ein

▪ **定冠詞と名詞の格変化**

	男性	女性	中性	複数
1格	der Tag 日	die Blume 花	das Haus 家	die Leute 人々
2格	des Tag(e)s	der Blume	des Hauses	der Leute
3格	dem Tag	der Blume	dem Haus	den Leuten
4格	den Tag	die Blume	das Haus	die Leute

➡ 男性・中性名詞（単数）の２格には、語尾 -(e)s がつく。

➡ 名詞の複数３格には、語尾 -n がつく。

［注］本書の表記：男性＝ *r* 、女性＝ *e* 、中性＝ *s* 、複数＝ *pl*

▌3 haben 動詞の現在人称変化

	単数	複数
1人称	ich habe	wir haben
2人称（親称）	du hast	ihr habt
3人称	er sie hat es	sie haben
2人称（敬称）	Sie haben	

練習問題 2 *Übungen*

1. _____ 線部には不定冠詞、_____ 線部には定冠詞をいれましょう。 ♪17

1）Das ist _____ Kleid.　　　　　　　(*s* Kleid ドレス)

　　_____ Kleid ist schön.　　　　　(schön 美しい)

2）Das ist _____ Hut.　　　　　　　(*r* Hut 縁のある帽子)

　　_____ Hut ist elegant.　　　　　(elegant 上品な)

3）Das ist _____ Krawatte.　　　　　(*e* Krawatte ネクタイ)

　　_____ Krawatte ist schick.　　　(schick しゃれた)

4）_____ Mann hat _____ Hund.　　　(*r* Hund 犬)

　　_____ Hund _____ Mannes ist jung.　　(jung 若い)

5）_____ Lehrerin hat _____ Auto.　　　(*s* Auto 車)

　　_____ Auto _____ Lehrerin ist neu.　　(neu 新しい)

6）_____ Zimmer hat _____ Fenster.　　(*s* Zimmer 部屋 / *s* Fenster 窓)

　　_____ Fenster _____ Zimmers ist groß.　(groß 大きい)

7）_____ Wohnung hat _____ Küche.　　(*e* Wohnung 住まい / *e* Küche 台所)

　　_____ Küche _____ Wohnung ist klein.　(klein 小さい)

2. 下線部の名詞を、指示に従って変えましょう。 ♪18

1）Der <u>Student</u> ist fleißig.　　　　　　　〈 *e* Studentinに〉

　➡ _____ _____ ist fleißig.

2）Die <u>Blume</u> ist schön.　　　　　　　　〈 *s* Bild（絵）に〉

　➡ _____ _____ ist schön.

3）Das <u>Buch</u> ist interessant.　　　　　　〈 *r* Film（映画）に〉

　➡ _____ _____ ist interessant.

4）Ich habe einen <u>Bruder</u>.　　　　　　　〈 *e* Schwester（姉・妹）に〉

　➡ Ich habe _____ _____ .

5）Du hast eine <u>Tante</u>.　　　　　　　　〈 *r* Onkel（おじ）に〉

　➡ Du hast _____ _____ .

6）Das Kleid der <u>Dame</u> ist schön.　　　　〈 *s* Mädchen（少女）に〉

　➡ Das Kleid _____ _____ ist schön.

7）Die Uhr der <u>Frau</u> ist schick.　　　　　〈 *r* Mannに〉

　➡ Die Uhr _____ _____ ist schick.

基 本 Basis ♪19

1. ゲーテ通りはその先です。　　　（ e Straße）

_____ Goethestraße _____ da vorn.

2. ベルリンはドイツの首都だ。　　（ e Hauptstadt）

Berlin _____ _____ Hauptstadt von Deutschland.

3. 私はお腹がすいた。　　　　　（ Hunger haben）

Ich _____ Hunger.

4. その男子生徒は母親に似ている。

_____ Schüler _____ _____ Mutter ähnlich.

対 話 Dialog ♪20

1. Ⓐ あなたは兄弟姉妹がいますか？

_____ Sie Geschwister?

Ⓑ はい、私は姉（妹）が一人います。　　（ e Schwester ）

Ja, ich _____ _____ _____ .

2. Ⓐ これは何ですか？

Was _____ _____ ?

Ⓑ これ（それ）は日本の携帯電話です。

_____ _____ ein Handy aus _____ .

3. Ⓐ その家には庭があります。　　　（ s Haus / r Garten ）

_____ Haus hat _____ Garten.

Ⓑ その家の庭は大きいですか？

Ist _____ Garten _____ Hauses groß?

Ⓐ いいえ、その家の庭は小さいです。

Nein, _____ Garten _____ Hauses _____ klein.

4. Ⓐ その村には教会が１つあります。　　（ s Dorf / e Kirche ）

_____ Dorf hat _____ Kirche.

Ⓑ その村の教会は古いですか？

Ist _____ Kirche _____ Dorfes alt?

Ⓐ はい、その村の教会はとても古いです。

Ja, _____ Kirche _____ _____ _____ sehr alt.

第**3**課　名詞の複数形 / 定冠詞類と不定冠詞類

♪21

基本例文 **3-a** Basisbeispiel

Ich habe einen Anzug.	私はスーツを1着持っている。
Du hast zwei Anzüge.	君はスーツを2着持っている。
Er hat ein Wörterbuch.	彼は辞書を1冊持っている。
Sie hat drei Wöterbücher.	彼女は辞書を3冊持っている。

対話例文 **3-a** Dialogbeispiel

A: Hast du Geschwister?	兄弟（姉妹）はいるかい？
B: Ja, ich habe vier Brüder.	はい、兄弟が4人います。
A: Wie viele Zimmer hat die Wohnung?	その住まいにはいくつ部屋がありますか？
B: Die Wohnung hat fünf Zimmer.	その住まいには5つ部屋があります。

1 名詞の複数形

語尾の形式	単数	複数
① 無語尾	der Onkel おじ der Vater 父	die Onkel die Väter
② ⸛e	der Tag 日 die Hand 手	die Tage die Hände
③ ⸛er	das Kind 子供 der Mann 男	die Kinder die Männer
④ —(e)n	das Auge 目 die Frau 女性	die Augen die Frauen
⑤ —s	das Kino 映画館	die Kinos

➡ 幹母音が変母音（ウムラウト）になると発音も変わるので要注意。

➡ 複数語尾が -s になるのは、語尾が -a/-o となる多くの外来語。(Autos, Sofas)

　　ただし：Firma – Firmen　Thema – Themen

◆ 複数形しかない名詞

　　Leute（人々），　Eltern（両親），　Ferien（学校などの休暇）

《重要》 名詞を辞書で調べる時

　・必ず性（男性・女性・中性）を確認する。

　・名詞を覚える時は常に定冠詞を添えて覚える。

　・男性・中性の単数2格語尾を確認する。

　・複数形も必ず確認する。

　　（例） Haus 中 家　　das Haus ⇨ des Hauses / die Häuser

♪22 **基本例文 3-b** Basisbeispiel

Das ist mein Freund.	これは私の友人（ボーイフレンド）です。
Mein Freund ist Ingenieur.	私の友人（ボーイフレンド）はエンジニアです。
Das ist meine Freundin.	これは私の友人（ガールフレンド）です。
Meine Freundin ist Studentin.	私の友人（ガールフレンド）は大学生です。
Das sind meine Eltern.	これは私の両親です。
Meine Eltern wohnen in Sapporo.	私の両親は札幌に住んでいます。

対話例文 3-b Dialogbeispiel

A： Welchen Laptop kaufen Sie?	あなたはどのノートパソコンを買うのですか？
B： Ich kaufe diesen Laptop.	私はこのノートパソコンを買います。
A： Haben Sie jetzt Zeit?	今時間がありますか（暇ですか）？
B： Nein, ich habe jetzt keine Zeit.	いいえ、今は時間がありません。

2 定冠詞類

・定冠詞と同じ語形変化をする語を定冠詞類と呼ぶ。
dieser（この），jener（あの），solcher（そのような），welcher（どの、どちらの），aller（すべての）
jeder（どの～も），mancher（いくつもの、かなりの数の）

	男性	女性	中性	複数
1格	dieser Mann	diese Frau	dieses Mädchen	diese Leute
2格	dieses Mann(e)s	dieser Frau	dieses Mädchens	dieser Leute
3格	diesem Mann	dieser Frau	diesem Mädchen	diesen Leuten
4格	diesen Mann	diese Frau	dieses Mädchen	diese Leute

3 不定冠詞類

・不定冠詞と同じ語形変化をする語を不定冠詞類と呼ぶ。
所有冠詞：mein（私の），dein（君の），sein（彼の），ihr（彼女の），sein（それの）
　　　　　unser（私たちの），euer（君たちの），ihr（彼らの），Ihr（あなたの・あなた方の），
否定冠詞：kein（（一つも）～ない）(kein の 2 格形はほとんど用いられない)

	男性	女性	中性	複数
1格	mein Vater	meine Mutter	mein Kind	meine Kinder
2格	meines Vaters	meiner Mutter	meines Kind(e)s	meiner Kinder
3格	meinem Vater	meiner Mutter	meinem Kind	meinen Kindern
4格	meinen Vater	meine Mutter	mein Kind	meine Kinder

➡ euer に語尾が付くとき、語中音消失形になることが多い。

（例）eure Mutter（1,4格），eurer Mutter（2,3格）、euren Brüdern（複数3格）

1．次の単語の性と意味、定冠詞付きの単数 2 格形と複数 1 格形を調べて書きましょう。♪23

1）Ohr　　性：　　意味：　　　　単数 2 格形：　　　　複数 1 格形：

2）Auge　　性：　　意味：　　　　単数 2 格形：　　　　複数 1 格形：

3）Hand　　性：　　意味：　　　　単数 2 格形：　　　　複数 1 格形：

4）Fuß　　性：　　意味：　　　　単数 2 格形：　　　　複数 1 格形：

2．下線部を複数形にして、全文書き換えましょう。　♪24

1）<u>Das Kind</u> spielt draußen.　　　（draußen 外で）
　➡

2）<u>Der Schüler</u> lernt Mathematik.　　（*e* Mathematik 数学）
　➡

3）<u>Die Rose</u> blüht.　　　（*e* Rose バラ / blühen （花が）咲いている）
　➡

4）<u>Dieser Mann</u> arbeitet fleißig.
　➡

5）<u>Dieses Bild</u> ist wunderschön.　　（wunderschön すばらしく美しい）
　➡

6）<u>Diese Uhr</u> geht richtig.　　（gehen （機械などが）動く / richtig 正確に）
　➡

3．下線部の名詞を、指示に従って変えましょう。♪25

1）Dieser <u>Student</u> studiert Chemie.　　　〈*e* Studentin に〉
　➡ ＿＿＿＿＿ ＿＿＿＿＿ studiert Chemie.　（studieren 専攻する / *e* Chemie 化学）

2）Welche <u>Jacke</u> kaufen Sie?　　　〈*r* Rock（スカート）に〉
　➡ ＿＿＿＿＿ ＿＿＿＿＿ kaufen Sie?　（*e* Jacke 上着）

3）Jeder <u>Mensch</u> macht Fehler.　　　〈*s* Kind に〉
　➡ ＿＿＿＿＿ ＿＿＿＿＿ macht Fehler.　（*r* Mensch 人間 / *r* Fehler 間違い）

4）Er ist mein <u>Bruder</u>.　　　〈*e* Schwester に〉
　➡ ＿＿＿＿＿ ist ＿＿＿＿＿ ＿＿＿＿＿ .

5）Wer ist euer <u>Lehrer</u>?　　　〈*e* Lehrerin に〉
　➡ Wer ist ＿＿＿＿＿ ＿＿＿＿＿ ?

6）Ich habe keine <u>Zeit</u>.　　　〈*s* Geld（お金）に〉
　➡ Ich habe ＿＿＿＿＿ ＿＿＿＿＿ .

基 本 Basis ♪26

1. この町には大学が2つある。

   _____ Stadt hat _____ Universitäten.

2. この村の人口はおよそ300人です。　(dreihundert)

   _____ Dorf _____ etwa _____ Einwohner.

3. これが私の家族の写真（複数）です。

   Das _____ _____ Fotos _____ Familie.

4. この家のドアはすべて開いている。　(offen sein)

   _____ Türen _____ Hauses _____ offen.

対 話 Dialog ♪27

1. Ⓐ これは誰のメガネですか？

   Wessen Brille _____ _____ ?

   Ⓑ それは私の祖父のメガネです。　(*e* Brille)

   Das ist _____ Brille _____ Großvaters.

2. Ⓐ この男性は誰ですか？

   Wer _____ _____ Mann?

   Ⓑ その男性は私のおじです。

   _____ Mann _____ _____ Onkel.

   彼は私の父の兄（弟）です。

   Er _____ der _____ _____ Vaters.

3. Ⓐ この女性は誰ですか？

   Wer _____ _____ Frau?

   Ⓑ その女性は私のおばです。

   _____ Frau _____ _____ Tante.

   彼女は私の母の姉（妹）です。

   Sie _____ die _____ _____ Mutter.

4. Ⓐ この女の子は誰ですか？　(*s* Mädchen)

   Wer _____ _____ Mädchen?

   Ⓑ その女の子は私の姪です。

   _____ Mädchen _____ _____ Nichte.

   彼女は私の姉（妹）の娘です。

   Sie _____ die Tochter _____ _____ .

第4課　人称代名詞(2) / zu 不定詞
動詞の現在人称変化(2) / 非人称の es

♪28　**基本例文 4-a** Basisbeispiel

Ich habe einen Hund.	私は犬を一匹飼っている。
Er heißt Max.	その犬はマックスという名前だ。
Du hast eine Brille.	君はメガネを持っている。
Wo ist sie?	それはどこにあるの？
Fremdsprachen zu lernen ist sehr wichtig.	外国語を学ぶことはとても重要だ。

対話例文 4-a Dialogbeispiel

A : Wie geht es Ihnen?　　お元気ですか？
B : Danke, es geht mir gut.　ありがとう、私は元気です。
A : Liebst du Ingrid?　　あなたはイングリッドを愛してるの？
B : Ja, ich liebe sie, und sie mich auch.

はい、僕は彼女を愛しているし、彼女も僕を愛している。

1 人称代名詞(2)

	単　数					複　数			単・複
	1人称	2人称	3人称			1人称	2人称	3人称	敬称
1格	ich	du	er	sie	es	wir	ihr	sie	Sie
3格	mir	dir	ihm	ihr	ihm	uns	euch	ihnen	Ihnen
4格	mich	dich	ihn	sie	es	uns	euch	sie	Sie

➡ 3人称単数 er/sie/es は、それが示す名詞の性に対応する。

der/ein Tisch ⇨ er　die/eine Uhr ⇨ sie　das/ein Fenster ⇨ es

2 zu 不定詞

◆ 名詞的用法　「～すること」

Es ist meine Pflicht, alle Fragen zu beantworten.
Alle Fragen zu beantworten ist meine Pflicht.
Meine Pflicht ist, alle Fragen zu beantworten. 全ての質問に答えるのが私の責務だ。

◆ 形容詞的用法　「～するための…、～するという…」

Hast du Lust, ein Museum zu besuchen?　博物館（美術館）に行く気がある？

◆ 副詞的用法

Er lernt fleißig, um die Prüfung zu bestehen. 試験に合格するために、彼は熱心に学んでいる。
Gehst du weg, ohne ein Wort zu sagen? 一言も言わないで、君は出て行くのかい？

基本例文 **4-b** Basisbeispiel

Ich fahre nach München.	私はミュンヘンへ行く。
Du fährst nach Berlin.	君はベルリンへ行く。
Wir sprechen Japanisch.	私たちは日本語を話す。
Er spricht Deutsch.	彼はドイツ語を話す。

対話例文 **4-b** Dialogbeispiel

A：Wohin fährst du?	君はどこへ行くの？
B：Ich fahre nach Heidelberg.	私はハイデルベルクへ行きます。
A：Was isst du gern?	食べ物では何が好き？
B：Ich esse gern Fisch.	私は魚が好きです。
A：Was siehst du da drüben?	あの向こうに何が見える？
B：Ich sehe ein Schloss.	お城が見えます。

3 動詞の現在人称変化 (2)

2人称単数と3人称単数で語幹の母音の綴りが変わる動詞がある。これを不規則動詞と呼ぶ。

不定詞	fahren （乗り物で）行く	schlafen 眠る，眠っている	essen 食べる	geben 与える	sprechen 話す	sehen 見る，見える
ich	fahre	schlafe	esse	gebe	spreche	sehe
du	fährst	schläfst	isst	gibst	sprichst	siehst
er/sie/es	fährt	schläft	isst	gibt	spricht	sieht
wir	fahren	schlafen	essen	geben	sprechen	sehen
ihr	fahrt	schlaft	esst	gebt	sprecht	seht
sie/Sie	fahren	schlafen	essen	geben	sprechen	sehen

≪語幹の母音の変化パターン≫

- a ⇨ ä　　fallen 落ちる　　ich falle, du fällst, er fällt
- e ⇨ i　　helfen 助ける　　ich helfe, du hilfst, er hilft
- e ⇨ ie　lesen 読む　　　ich lese, du liest, er liest
- その他　　nehmen 取る　　ich nehme, du nimmst, er nimmt

4 非人称の es

特定の名詞（中性）と結びつかず、「それ」という意味をもたない es を「非人称の es」と呼ぶ。

≪自然現象≫	Es regnet. 雨が降る。	Es schneit. 雪が降る。	
≪時刻・時間≫	Wie spät ist es? 何時ですか？	Es ist neun Uhr. 9時です。	
≪知覚・感知≫	Es klopft. ノックの音がする。	Es zieht. すきま風が入る。	
≪熟語的用法≫	Wie geht es dir? 元気かい？	Es geht. まあまあです。	
	Es gibt viele Probleme. 問題がたくさんある。		

1. _____ 線部には定冠詞を、_____ 線部には適当な人称代名詞を入れましょう。 ♪30

1) _____ Kleid ist wunderschön.

　Ich kaufe _____ .

2) _____ Rock passt mir gut.　　　　　　　（*r* Rock スカート）

　Ich kaufe _____ .

3) _____ Schuhe sind billig und leicht.　　（*pl* Schuhe 靴）

　Ich kaufe _____ .　　　　　　　　　　（billig 安い / leicht 軽い）

4) Kennst du _____ Schülerin?

　Ja, ich kenne _____ .

5) Ist _____ Platz noch frei ?　　　　　（*r* Platz 席 / frei 空いている）

　Nein, _____ ist schon besetzt.　　　（besetzt ふさがっている）

6) Gefällt dir _____ Bild?

　Ja, _____ gefällt _____ gut.　　（人³ gefallen 〜の気に入る）

7) Hilft dir dein Vater finanziell?　　　　　（人³ helfen 〜を助ける）

　Ja, _____ hilft _____ finanziell.　（finanziell 経済的に）

2. 指示に従って書き換えましょう。 ♪31

1) Wir fahren nach Griechenland.　　〈wir を er に〉

➡ _____ _____ nach Griechenland.　　（Griechenland ギリシャ）

2) Wir geben dem Kind ein Heft.　　〈wir を sie（彼女）に〉

➡ _____ _____ dem Kind ein Heft.　　（*s* Heft ノート）

3) Essen Sie gern Salat?　　〈敬称 Sie を du に〉

➡ _____ _____ gern Salat?　　（*r* Salat サラダ）

4) Sprechen Sie Englisch?　　〈敬称 Sie を sie（彼女）に〉

➡ _____ _____ Englisch?

5) Was lesen Sie jetzt?　　〈敬称 Sie を du に〉

➡ Was _____ _____ jetzt?

6) Sehen Sie die Kirche da?　　〈敬称 Sie を du に〉

➡ _____ _____ die Kirche da?　　（da あそこ）

7) Nehmen Sie ein Taxi?　　〈敬称 Sie を du に〉

➡ _____ _____ ein Taxi?

基本 Basis ♪32

1. 私の夢は宇宙を旅することだ。　（r Traum / reisen）

_____ Traum ist, in den Weltraum _____ _____ .

(= Es _____ _____ Traum, in den Weltraum _____ _____ .

2. パン焼き職人の親方になるために、彼は熱心に働いている。

Er arbeitet fleißig, _____ Bäckermeister _____ _____ .

3. 稲光がする。雷もなっている。　（donnern）

_____ blitzt. _____ _____ auch.

4. 私たちはこのレストランがとても気に入りました。（人³ gefallen）

Das Restaurant hier _____ _____ sehr gut.

対話 Dialog ♪33

1. Ⓐ ギーゼラ、君は明日どこへ行くの？　（gehen）

Gisela, wohin _____ _____ morgen?

Ⓑ 私は明日フライブルクへ行きます。　（fahren）

Ich _____ _____ nach Freiburg.

2. Ⓐ ハンス、あなたは朝何を食べるの？　（was / essen）

Hans, _____ _____ _____ morgens?

Ⓑ 僕はいつもパンだよ。

_____ _____ immer Brot.

3. Ⓐ シュタインベルク教授は日本語を話しますか？　（sprechen）

_____ Professor Steinberg Japanisch?

Ⓑ はい、彼はとても上手に日本語を話します。

Ja, _____ _____ sehr gut _____ .

4. Ⓐ ルーカス、あなたは今何を見ているの？　（sehen）

Lukas, _____ _____ _____ jetzt?

Ⓑ あの向こうのテレビ塔を見ているんだ。　（r Fernsehturm）

_____ _____ _____ Fernsehturm da drüben.

5. Ⓐ ハンナ、君は今何を読んでるの？　（lesen）

Hanna, _____ _____ _____ jetzt?

Ⓑ 私は今おとぎ話（不定冠詞付）を読んでます。　（s Märchen）

Ich _____ _____ _____ Märchen.

第5課　並列接続詞 / 慣用句（成句）/ kein と nicht

♪34 **基本例文** 5-a **Basisbeispiel**

Mario ist nett und freundlich. マリオは優しくて親切だ。

Er ist Student und sie ist auch Studentin. 彼は大学生で、彼女も大学生だ。

Ich esse viel, aber du isst wenig. 私はたくさん食べるが、君は少ししか食べない。

対話例文 5-a **Dialogbeispiel**

A： Spricht unser Lehrer Deutsch? 私たちの先生はドイツ語を話しますか？

B： Ja, aber er spricht nicht nur Deutsch, sondern auch
　　Französisch. はい、彼（先生）はドイツ語だけでなくフランス語も話します。

A： Machst du einen Spaziergang oder bleibst du zu Hause?
　　　　　　　　　　　　　　　　散歩する？それとも家にとどまるの？

B： Ich bleibe zu Hause, denn ich habe Kopfschmerzen.
　　　　　　　　　　　　　　　　私は家にいます。頭痛がするから。

1 並列接続詞

語句と語句、文と文を並列的に結びつける接続詞を**並列接続詞**と呼ぶ。

und そして	aber しかし oder あるいは denn なぜなら
(nicht ...,) sondern ではなくて	

2 慣用句（成句）

◆ **特定の名詞句＋動詞**

einen Ausflug machen ハイキングをする、ハイキングに行く

eine Reise machen 旅行をする

eine Pause machen 休憩する、一休みする

einen Fehler machen 間違いをする、過ちを犯す

◆ **特定の前置詞句＋動詞** （＊前置詞については第7課を参照）

ins Kino gehen 映画を見に行く　　　ins Konzert gehen コンサートを聴きに行く

zum Arzt gehen 医者のところへ行く

in die Schule (zur Schule) gehen 学校へ行く

nach Hause gehen 家へ帰る、帰宅する　　zu Fuß gehen 歩いて行く

zu Hause bleiben 自宅にとどまる　　zu Hause sein 在宅している

26

基本例文 5-b Basisbeispiel

Die Kinder haben keine Zeit zum Spielen. 子どもたちはお遊びの時間がない。
Ihr habt keine Lust zu arbeiten. 君たちは働く気がない。

Der Computer funktioniert nicht. コンピューターが作動しない。
Irgendetwas ist nicht in Ordnung. 何かがおかしい。

対話例文 5-b Dialogbeispiel

A： Machst du einen Ausflug? ハイキングに行くの？
B： Nein, ich mache keinen Ausflug. いいえ、ハイキングはしません。

A： Verstehen Sie mich? 私の言うことが分かりますか？
B： Nein, ich verstehe Sie nicht. いいえ、分かりません。

3 kein と nicht

◆ **否定冠詞 kein：名詞の前に位置し、名詞を否定する。**

・不定冠詞つきの名詞を否定する。

Machst du eine Pause? — Nein, ich mache keine Pause.
一休みする？ いいえ、休みません。

・無冠詞の名詞を否定する。

Liest du Zeitungen? — Nein, ich lese keine Zeitungen.
新聞を読んでる？ いいえ、読んでません。

◆ **否定詞 nicht：名詞、形容詞、副詞、前置詞句そして動詞を否定する。**

・名詞（句）を否定する。

Ist das dein Fahrrad? — Nein, das ist nicht mein Fahrrad.
それは君の自転車かい？ いいえ、それは私の自転車ではありません。

・形容詞を否定する。

Ist euer Lehrer krank? — Nein, unser Lehrer ist nicht krank.
君たちの先生は病気かい？ いいえ、私たちの先生は病気ではありません。

・副詞を否定する。

Essen Sie gern Fisch? — Nein, ich esse nicht so gern Fisch.
魚は好きですか？ いいえ、魚はそれほど好きではありません。

・前置詞句（慣用句）を否定する。

Gehst du ins Kino? — Nein, ich gehe nicht ins Kino, sondern ins
映画を見に行くの？ Konzert. いいえ、映画ではなくて、コンサートを聴きに行きます。

・動詞を否定する。

Kommt er heute? — Nein, er kommt heute nicht.
彼は今日来る？ いいえ、彼は今日来ません。

1. 下線部に適当な並列接続詞を入れましょう。 ♪36

1) Egon ＿＿＿＿＿＿＿＿ Fritz sind Freunde.

2) Herr Hoffmann ist höflich ＿＿＿＿＿＿＿＿ tolerant.　(höflich 礼儀正しい / tolerant 寛容な)

3) Diamanten sind sehr schön, ＿＿＿＿＿＿＿＿ nicht billig.　(*pl* Diamanten ダイヤモンド)

4) Trinkst du Tee ＿＿＿＿＿＿＿＿ Kaffee?

5) Wir spielen heute nicht Tennis, ＿＿＿＿＿＿＿＿ Fußball.

6) Gehst du zu Fuß, ＿＿＿＿＿＿＿＿ nimmst du ein Taxi?

7) Ich nehme ein Taxi, ＿＿＿＿＿＿＿＿ ich habe keine Zeit.

8) Die Gäste kommen nicht heute, ＿＿＿＿＿＿＿＿ morgen.

9) Bruno liebt Ute, ＿＿＿＿＿＿＿＿ Ute liebt ihn nicht.

10) Heute bleibe ich zu Hause ＿＿＿＿＿＿＿＿ lerne etwas.

2. 次の文（肯定文）をすべて否定文に書き換えましょう。 ♪37

1) Heute Abend gehen wir ins Theater.
　➡

2) Die Papiere sind in Ordnung.　(*pl* Papiere 書類 / in Ordnung sein 整っている)
　➡

3) Die Kinder gehen ins Bett.　(ins Bett gehen 寝る、就寝する)
　➡

4) Unsere Gäste gehen nach Hause.
　➡

5) Das Essen hier schmeckt mir gut.　(人³ schmecken おいしい)
　➡

6) Dieser Zug fährt nach Hamburg.
　➡

7) Meine Freundin hört gern Musik.
　➡

8) Mein Onkel macht eine Reise.
　➡

9) Eure Mitarbeiter machen eine Pause.　(*pl* Mitarbeiter 従業員)
　➡

基 本 Basis ♪38

1. 私たちはお腹が空いたし喉も渇いた。 (*r* Hunger / *r* Durst)

Wir haben ＿＿＿＿＿＿ ＿＿＿＿＿＿ ＿＿＿＿＿＿ .

2. 私たちのリーダーはとても厳しいが、信頼できる。(streng / zuverlässig)

＿＿＿＿＿ Leiter ist sehr ＿＿＿＿＿＿ , ＿＿＿＿＿＿ .

3. 日曜日、私は家にいないでハイキングに行きます。(bleiben / machen)

Am Sonntag ＿＿＿＿＿ ich ＿＿＿＿＿ zu Hause, ＿＿＿＿＿ (ich)

＿＿＿＿＿ einen Ausflug.

4. 人はみな欠点があり、完璧な人間などいない。 (jeder / niemand)

＿＿＿＿＿ Mensch ＿＿＿＿＿ Fehler und niemand ＿＿＿＿ perfekt.

対 話 Dialog ♪39

1. Ⓐ 私の言っていることが分かる？ (人⁴ verstehen)

＿＿＿＿＿＿ du ＿＿＿＿＿＿ ?

Ⓑ いいえ、君の言っていることが分かりません。君は早口だから。 (denn / sprechen)

Nein, ich ＿＿＿＿＿ dich ＿＿＿＿＿ , ＿＿＿＿＿ du ＿＿＿＿＿ zu schnell.

2. Ⓐ 君の彼氏は料理するかい？ 〈親称〉(kochen)

＿＿＿＿＿＿ ＿＿＿＿＿ Freund?

Ⓑ もちろんよ。彼は料理が好きだし、アイロンかけも喜んでするわ。(bügeln)

Aber natürlich!

Er ＿＿＿＿＿＿ gern ＿＿＿＿＿ ＿＿＿＿＿ auch ＿＿＿＿＿ .

3. Ⓐ 君はオイゲンのことをどう思う？ (von ... halten)

Was ＿＿＿＿＿＿ du von Eugen?

Ⓑ 私はオイゲンが好きよ。だって彼は本当に優しいんだもの。〈人称代名詞〉(denn)

Ich mag ＿＿＿＿＿ , ＿＿＿＿＿ ＿＿＿＿＿ ＿＿＿＿ wirklich nett.

4. Ⓐ 君の彼氏はよくしゃべる？

＿＿＿＿＿＿ ＿＿＿＿＿ Freund viel? (sprechen)

Ⓑ いいえ、全くしゃべらないで、いつも本を読んでいるわ。 (reden / lesen)

Nein, ＿＿＿＿＿ ＿＿＿＿＿ gar nicht, ＿＿＿＿＿ (er) ＿＿＿＿＿

immer Bücher.

5. Ⓐ ドイツ語の勉強は楽しいかい？ (人³ Spaß machen)

＿＿＿＿＿ es dir ＿＿＿＿＿ , Deutsch ＿＿＿＿＿ lernen?

Ⓑ はい、私はドイツ語の響きがとても気に入っています。 (人³ gefallen)

Ja, der Klang des Deutschen ＿＿＿＿＿ ＿＿＿＿＿ sehr gut.

第**6**課 命令形 / 否定疑問文 / 男性弱変化名詞

♪40 **基本例文** 6-a　Basisbeispiel

Sei bitte vorsichtig!	どうか気を付けて！
Iss doch Gemüse!	野菜を食べて！
Sprecht bitte nicht laut!	どうか大きい声で話さないで！
Nehmen Sie bitte Platz!	どうぞおかけください！

対話例文 6-a　Dialogbeispiel

A: Ist das Essen noch nicht fertig?　食事の用意はまだかい？
B: Ich koche ja gerade.　今料理をしているところよ。
　 Hab bitte noch etwas Geduld!　もう少し我慢してちょうだい！

1 命令形

・du に対する命令形：**動詞の語幹＋(e)～！**
　komm-en ＞ komm ⇒ Komm!　lern-en ＞ lern ⇒ Lerne!
➡強変化（不規則）動詞の場合、語尾に -e がつかないことが多い。
➡強変化（不規則）動詞で語幹の母音が e → i / ie に変わる場合、du の現在人称変化から
　語尾 -st を取った形とする。helfen ＞ (du) hilfst ⇒ Hilf !
・ihr に対する命令形：**動詞の語幹＋t～！**　（ihr の現在人称変化と同形）
　geh-en ＞ geh+t ⇒ Geht!　bleib-en ＞ bleib+t ⇒ Bleibt!
・Sie に対する命令形：**動詞の語幹＋en Sie ～！**　（不定詞と同形）
　sing-en ＞ singen ⇒ Singen Sie!　sprech-en ＞ sprechen ⇒ Sprechen Sie!
＊ sein ＞ seien Sie ～！（例外）

▪ 主な動詞の命令形

不定詞	kommen	gehen	fahren	arbeiten	bleiben
du に対して	Komm(e)!	Geh(e)!	Fahr(e)!	Arbeite!	Bleib(e)!
ihr に対して	Kommt!	Geht!	Fahrt!	Arbeitet!	Bleibt!
Sie に対して	Kommen Sie!	Gehen Sie!	Fahren Sie!	Arbeiten Sie!	Bleiben Sie!

▪ 注意すべき動詞の命令形

不定詞	essen	geben	sprechen	nehmen	lesen	sein
du に対して	Iss!	Gib!	Sprich!	Nimm!	Lies!	Sei ～ !
ihr に対して	Esst!	Gebt!	Sprecht!	Nehmt!	Lest	Seid ～ !
Sie に対して	Essen Sie!	Geben Sie!	Sprechen Sie!	Nehmen Sie!	Lesen Sie!	Seien Sie ～ !

6-b Basisbeispiel

Kennen Sie den Studenten nicht? あなたはその男子学生を知らないのですか？
Nein, ich kenne ihn nicht. はい、私は彼を知りません。
Doch, ich kenne ihn. いいえ、私は彼を知っています。

対話例文 **6-b** Dialogbeispiel

A: Kaufst du das Auto nicht? その車を買わないの？
B: Nein, ich kaufe es nicht. はい、買いません。

A: Gefällt dir die Wohnung nicht? その住まいは気に入らないの？
B: Doch, sie gefällt mir gut. いいえ、気に入ってます。

2 否定疑問文

- 否定疑問文に対する答え方は、質問内容の是非が問題ではなく、返事の内容が肯定文か否定文かが重要となる。
- 答えが肯定文なら Doch、答えが否定文なら Nein を用いる。
- doch は、特に否定を打ち消して「そんなことはない」という意味をもつ。

Er ist nicht sympathisch. 彼は感じがよくない。
Doch, ich finde schon. そんなことはない、と思うよ。

3 男性弱変化名詞

- 男性名詞の中に、単数１格を除き全て語尾が -en（または -n）になる名詞がある。これを男性弱変化名詞と呼ぶ。
- 単数２格の語尾は -(e)s ではなく、-(e)n になる。

	単数		複数	
1格	der Mensch	der Herr	die Menschen	die Herren
2格	des Menschen	des Herrn	der Menschen	der Herren
3格	dem Menschen	dem Herrn	den Menschen	den Herren
4格	den Menschen	den Herrn	die Menschen	die Herren

◆ その他の男性弱変化名詞：語尾の特徴

-e : Junge（男の子）、Kollege（同僚）、Kunde（店のお客）

-ent : Student（大学生）、Patient（患者）、Präsident（大統領）

-ist : Christ（キリスト教徒）、Journalist（ジャーナリスト）、Tourist（旅行者）

-at : Demokrat（民主主義者）、Diplomat（外交官）、Soldat（兵士）

-oge : Biologe（生物学者）、Pädagoge（教育者、教育学者）、Soziologe（社会学者）

1．指示された動詞の命令形を 3 つのパターンに分けて作りましょう。　♪42

1）machen（する、作る）

du に対して：　　　　　　　ihr に対して：　　　　　　　Sie に対して：

2）schlafen（眠る）

du に対して：　　　　　　　ihr に対して：　　　　　　　Sie に対して：

3）laufen（走る）

du に対して：　　　　　　　ihr に対して：　　　　　　　Sie に対して：

4）sehen（見る）

du に対して：　　　　　　　ihr に対して：　　　　　　　Sie に対して：

2．前文の内容を受けた命令文になるように、下線部に適当な命令形を入れましょう。　♪43

1）Du kommst immer zu spät.　　　　　　　（zu spät kommen 遅刻する）

➡ ＿＿＿＿＿＿ pünktlich!　　　　　　　（pünktlich 時間通りに）

2）Du isst immer zu schnell.

➡ ＿＿＿＿＿＿ langsam!　　　　　　　（langsam ゆっくりと）

3）Du vergisst häufig den Schlüssel.　　　　　　　（vergessen 忘れる）

➡ ＿＿＿＿＿＿ bitte den Schlüssel ＿＿＿＿＿＿!　　（r Schlüssel 鍵）

4）Ihr esst kein Gemüse.　　　　　　　（s Gemüse 野菜）

➡ ＿＿＿＿＿＿ doch Gemüse!

5）Sie machen gar keine Pause.　　　　　　　（e Pause 休憩、中休み）

➡ ＿＿＿＿＿＿ ＿＿＿＿＿＿ doch eine Pause!

3．下線部に Ja、Nein、Doch のいずれかを入れましょう。　♪44

1）Weißt du den Namen des Patienten nicht?　　　　　　　（r Patient 患者）

➡ ＿＿＿＿＿＿ , ich weiß seinen Namen.

2）Kennst du den Kollegen nicht?　　　　　　　（r Kollege 同僚）

➡ ＿＿＿＿＿＿ , ich kenne ihn nicht.

3）Ist Anna deine Freundin?

➡ ＿＿＿＿＿＿ , sie ist meine Freundin.

4）Liest du keine Zeitungen?

➡ ＿＿＿＿＿＿ , ich lese Zeitungen.　　　　　　　（pl Zeitungen 新聞）

5）Hast du ein Wörterbuch?　　　　　　　（s Wörterbuch 辞書）

➡ ＿＿＿＿＿＿ , ich habe kein Wörterbuch.

基 本 Basis ♪45

1. イエスかノーで私に答えて！〈du に対する命令〉（antworten）

   _____ mir mit Ja oder _____ !

2. 君たちは自由に自分の意見を述べなさい。〈ihr に対する命令〉（frei / eine Meinung äußern）

   _____ bitte frei eure Meinung!

3. その患者のカルテを私に見せてください。〈Sie に対する命令〉（r Patient / zeigen）

   _____ _____ mir bitte die Karte _____ _____ .

4. その社会学者の名前は世界的に広く知られている。（r Soziologe）

   Der Name _____ _____ ist weltbeit bekannt.

対 話 Dialog ♪46

1. Ⓐ 最初に宿題（複）をしなさい！（Hausaufgaben machen）

   _____ zuerst deine _____ !

   Ⓑ お母さん、僕に命令しないで！（befehlen > du befiehlst）

   Mutti, _____ mir bitte nicht!
   僕はもう子供じゃないんだよ。
   Ich _____ doch kein _____ mehr.

2. Ⓐ お前はどうしたんだい？（Was ist mit ... los?）

   Was _____ mit _____ los?
   食欲がないのかい？（r Appetit / haben）
   _____ du _____ Appetit?

   Ⓑ 食欲はあるよ。でも勉強する気が全然ないんだ！（s Lernen）

   _____ , ich _____ schon _____ !
   Aber, ich _____ gar _____ Lust zum _____ !

3. Ⓐ ベッティーナのことで困っているのかい？（Probleme mit ... haben）

   _____ du _____ mit Bettina?
   いつでも手助けしてあげるよ。（bereit sein, ... zu 不定詞）
   Ich _____ immer _____ , dir zu _____ .
   ベッティーナはとても可愛い子だと思うけどね。（finden / süß）
   Ich _____ doch Bettina sehr _____ .

   Ⓑ もうやめて！お願いだから僕にかまわないで！（r Schluss / 人⁴ in Ruhe lassen）

   Schluss jetzt!
   _____ mich bitte _____ _____ !

第**7**課　前置詞 / 前置詞と定冠詞の融合形 / 語の結合と派生

♪47　**基本例文** 7-a　Basisbeispiel

Thomas wohnt noch bei seinen Eltern.

トーマスはまだ彼の両親の家に住んでいる。

Unser Hund rennt gern um das Haus [herum].

私たちの犬は家の周りを走るのが好きだ。

対話例文 7-a　Dialogbeispiel

A： Was machst du während der Ferien?　休みの間、何をするの？

B： Ich fahre mit dem Auto nach Hokkaido.　車で北海道へ行きます。

A： Was trinken Sie nach dem Essen?　食事の後、何を飲みますか？

B： Ich trinke Kaffee mit Milch, aber ohne Zucker.

私はミルク入りのコーヒーを砂糖なしで飲みます。

1　前置詞

前置詞は名詞や代名詞の前に位置し、それぞれ特定の格と結びつく。これを前置詞の格支配という。

2 格支配の前置詞

außerhalb ～の外に　　innerhalb ～の中に　　statt ～の代わりに
trotz ～にもかかわらず　　während ～の間　　wegen ～のために（原因・理由）

statt meines Vaters 私の父の代わりに　trotz des Regens 雨にもかかわらず

während des Konzerts コンサートの間　wegen des Gewitters 雷雨のために

➡ 現代ドイツ語では特に日常語の場合、trotz, während, wegen は 3 格支配になることが多い。

3 格支配の前置詞

aus ～の中から　　bei ～のそばで、～の所で、～の際　　mit ～と一緒に、～で（道具・手段）
nach ～の方へ、～の後で、～に従って　　seit ～以来　　von ～から、～の、～によって、～について　　zu ～ （のところ）へ、～のために（目的）

aus dem Zimmer 部屋の中から　bei den Eltern 両親のもとで　mit dem Zug 列車で

nach der Arbeit 仕事の後　seit drei Jahren 3 年前から　zu mir 私の所へ

4 格支配の前置詞

bis ～まで（時間・空間・数量）　　durch ～を通って、～によって（原因）
für ～のために、～にとって、～に賛成して　　gegen ～に対して、～に反対して
ohne ～なしで、～がなければ（仮定）　　um ～の周りに、～時に（時刻）

durch den Tunnel トンネルを通って　für dich 君のために　gegen den Willen 意思に反して　ohne ein Wort 一言も言わないで　um die Sonne 太陽の周りを

♪48　基本例文 **7-b** 　Basisbeispiel

Ich lege das Buch auf den Tisch.　　　　　私はその本を机の上に置く。

Das Buch liegt jetzt auf dem Tisch.　　　その本は今机の上にある。

Am Sonntag macht er eine Stadtbesichtigung. 日曜日、彼は市内観光をする。

対話例文 **7-b** 　Dialogbeispiel

A：Häng bitte das Bild an die Wand!　　その絵を壁に掛けてちょうだい！

B：Das Bild hängt ja schon an der Wand. その絵はもう壁に掛かっているよ。

A：Bist du noch am Flughafen?　　　　まだ飛行場にいるの？

B：Nein, ich bin schon vor dem Hauptbahnhof.

　　　　　　　　　　　　　　　　　　いいえ、もう中央駅の前にいます。

2　3・4格支配の前置詞

an ～のきわ	auf ～の上	hinter ～の後ろ	in ～の中	neben ～の隣り
über ～の上方、向こう側		unter ～の下	vor ～の前	zwischen ～の間

◆ 運動・移動・方向を表す時：4格支配

Ich lege den Schlüssel auf das Bett. 私はその鍵をベッドの上に置く。

Ein Polizist geht in die Bank. 一人の警官が銀行（の中）に行く。

◆ 場所・静止・状態を表す時：3格支配

Der Schlüssel liegt auf dem Bett. その鍵はベッドの上にある。

Ein Polizist steht in der Bank. 一人の警官が銀行の中で立っている。

3　前置詞と定冠詞の融合形

am < an dem	ans < an das	aufs <auf das	beim < bei dem	im < in dem
ins < in das	ums < um das	vom < von dem	zum < zu dem	zur < zu der

➡ 融合形では、定冠詞の持つ指示性が消失する。

Ich gehe zu der Post. 私はその郵便局へ行く。Ich gehe zur Post. 私は郵便局へ行く。

4　語の結合と派生

《名詞＋名詞》Regenschirm 雨傘　　《形容詞＋名詞》 Kleingeld 小銭

《動詞＋名詞》Wartezimmer 待合室 《前置詞＋名詞》 Hintergrund 背景

《接尾辞》-ung、-heit、-keit、-schaft：Achtung 注意　Freiheit 自由

　　　　-bar、-ig/-isch/-lich、-sam：hörbar 聞き取れる　kräftig 力強い

1. 前置詞に応じて定冠詞を格変化させて、（　　　　）の中に入れましょう。 ♪49

1）Wegen（　　）Grippe kommt er nicht zur Uni.　　　　（ e Grippe インフルエンザ）

2）Während（　　）Winterferien fahre ich jeden Tag Ski.　　（ r Ski スキー）

3）Kommst du mit（　　）Bus, oder mit（　　）U-Bahn?　　（ e U-Bahn 地下鉄）

4）Bring mir bitte meine Aktentasche aus（　　）Büro!　　（ s Büro オフィス）

5）Mein Vater arbeitet seit dreißig Jahren bei（　　）Post.　　（ e Post 郵便局）

6）Nach（　　）Mittagessen trinken wir meistens Tee.　　（ s Mittagessen 昼食）

7）Nehmen Sie bitte das Bild von（　　）Wand!　　（ e Wand 壁）

8）Viele Leute sind heute gegen（　　）Rauchen.　　（ s Rauchen 喫煙）

9）Ich bezahle monatlich 400 Euro für（　　）Wohnung.　　（ r Euro ユーロ）

10）Die Erde kreist um（　　）Sonne.　　（ e Erde 地球 / e Sonne 太陽）

2.（　　　　）の中に、定冠詞の3格形あるいは4格形のいずれかを入れましょう。 ♪50

1）Die Leute gehen in（　　　）Kirche.　　（ e Kirche 教会）

2）Die Kinder singen Lieder in（　　　）Kirche.　　（ pl Lieder 歌）

3）Ich lege die Zeitung auf（　　　）Sofa.　　（ s Sofa ソファ）

4）Die Zeitung liegt jetzt auf（　　　）Sofa.

5）Die Katze springt auf（　　　）Stuhl.　　（ r Stuhl いす）

6）Die Katze schäft jetzt auf（　　　）Stuhl.

7）Vor（　　　）Bank ist eine Bushaltestelle.　　（ e Bushaltestelle バス停）

8）An（　　　）Bushaltestelle gehen zwei Männer.

9）Die Straßenbahn fährt über（　　　）Marktplatz.　　（ e Straßenbahn 路面電車）

3. 指示された前置詞と定冠詞の融合形を（　　　　）の中に入れましょう。 ♪51

1）Ich gehe（　　）Bank, um Geld zu holen.　　〈zu〉（ e Bank）

2）（　　）Essen braucht man Messer und Gabel.　　〈zu〉（ s Essen）

3）Ich begleite Sie bis（　　）Haltestelle.　　〈zu〉（ e Haltestelle）

4）Er liegt schon einen Monat（　　）Krankenhaus.　　〈in〉（ s Krankenhaus）

5）Wir gehen（　　）Krankenhaus, um ihn zu besuchen.　　〈in〉

6）Unser Großvater arbeitet gern（　　）Garten.　　〈in〉（ r Garten）

7）Haben Sie（　　）Wochenende Zeit?　　〈an〉（ s Wochenende）

8）Mein Kollege macht gern Urlaub（　　）Meer.　　〈an〉（ s Meer）

9）（　　）Sonntag fahren wir（　　）Meer.　　〈an〉（ r Sonntag）

基 本 Basis ♪52

1. 2週間後には夏休みだ。 (*pl* Sommerferien)

In _____ Wochen sind _____ .

2. 1年前から私はある建設会社で働いている。

Seit _____ Jahr arbeite ich bei _____ Baufirma.

3. このチケットは市内だけにしか通用しない。 (gültig sein)

Dieses Ticket _____ nur innerhalb _____ Stadt _____ .

4. 80億人以上の人が地球に住んでいる。 (leben) ＊数詞は66頁参照

Über _____ Milliarden Menschen _____ auf _____ Erde.

対 話 Dialog ♪53

1. Ⓐ 私の辞書が見つからないわ。 (finden)

Ich _____ _____ Wörterbuch _____ .

Ⓑ 君の辞書は食卓テーブルの上にあるよ。 (liegen)

_____ Wörterbuch _____ auf _____ Esstisch.

Ⓐ それを私のデスクの上に置いてちょうだい。 (legen)

_____ es bitte auf _____ Schreibtisch!

2. Ⓐ やあ、エマ！ 今日はどこへ行くんだい？ (wohin / fahren)

Hallo, Emma! _____ _____ du heute?

Ⓑ 今日は列車でミュンヘンに行くわ。 (nach / fahren)

Heute _____ _____ mit _____ Zug _____ München.

3. Ⓐ 市役所にはどう行くのですか？ (zu … kommen) 〈前置詞 zu と定冠詞の融合形〉

Wie _____ ich _____ Rathaus?

Ⓑ この川に沿って橋まで行きなさい。 (bis zu …) 〈前置詞 zu と定冠詞の融合形〉

Gehen Sie _____ Fluss entlang bis _____ Brücke!

そして、その橋を渡りなさい。 (…⁴ entlang 〜に沿って)

Und gehen Sie über _____ Brücke!

そこに市役所があります。

Dort _____ dann _____ Rathaus.

4. Ⓐ 君がいなければ、僕の人生は何の意味もない。 (keinen Sinn haben)

Ohne _____ _____ mein Leben _____ _____ .

僕は君のためなら何でもする覚悟がある。 (bereit sein, … zu 不定詞)

Ich _____ _____ , alles für _____ _____ tun.

Ⓑ ありがとう、ハンス。あなたといると、私はいつも幸せよ。

Danke, Hans! Mit _____ _____ _____ immer glücklich.

♪54 **基本例文 8-a** Basisbeispiel

Ein schönes Bild hängt an der Wand.　1枚の美しい絵が壁に掛かっている。
Der gemischte Salat schmeckt sehr gut. そのミックスサラダはとても美味しい。

対話例文 8-a Dialogbeispiel

A : Wie geht's deinem alten Hund?　君の年取った犬は元気かい？
B : Danke, er lebt noch.　ありがとう。犬はまだ生きています。

A : Wie alt ist diese kleine Katze?　この小さなネコは何歳ですか？
B : Sie ist erst zwei Monate alt.　ネコはまだ（生後）2カ月です。

1 形容詞

◆ 形容詞＋名詞（強変化）：定冠詞類とほぼ同じ語尾をとる。

	男	女	中	複
1格	grüner Salat	kalte Milch	frisches Gemüse	liebe Kinder
2格	grünen Salat(e)s	kalter Milch	frischen Gemüses	lieber Kinder
3格	grünem Salat	kalter Milch	frischem Gemüse	lieben Kindern
4格	grünen Salat	kalte Milch	frisches Gemüse	liebe Kinder

◆ 定冠詞（類）＋形容詞＋名詞（弱変化）：形容詞の語尾は -en または -e となる。

	男	女	中	複
1格	der grüne Salat	die kalte Milch	das frische Gemüse	die lieben Kinder
2格	des grünen Salat(e)s	der kalten Milch	des frischen Gemüses	der lieben Kinder
3格	dem grünen Salat	der kalten Milch	dem frischen Gemüse	den lieben Kindern
4格	den grünen Salat	die kalte Milch	das frische Gemüse	die lieben Kinder

◆ 不定冠詞（類）＋形容詞＋名詞（混合変化）

	男	女	中	複
1格	ein grüner Salat	eine kalte Milch	ein frisches Gemüse	meine lieben Kinder
2格	eines grünen Salat(e)s	einer kalten Milch	eines frischen Gemüses	meiner lieben Kinder
3格	einem grünen Salat	einer kalten Milch	einem frischen Gemüse	meinen lieben Kindern
4格	einen grünen Salat	eine kalte Milch	ein frisches Gemüse	meine lieben Kinder

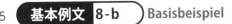

♪55 　**基本例文 8-b** 　Basisbeispiel

Das ist mein Verwandter. 　こちらは私の親戚の人（男性）です。
Die Schülerin spricht nicht nur Englisch, sondern auch Deutsch.
　　　　　　　その女子生徒は英語だけでなくドイツ語も話す。

対話例文 8-b 　Dialogbeispiel

A：Steht etwas Interessantes in der Zeitung?
　　　　　　　　　新聞に何か面白いことが載っていますか？
B：Nein. Es steht nichts Besonderes darin.
　　　　　　　　　いいえ。新聞には何も特別なことは載っていません。

2 形容詞の名詞化

名詞の付加語となる形容詞は、修飾する名詞を省略し、形容詞の頭文字を大文字書きにすることで名詞となる。これを**形容詞の名詞化**と呼ぶ。名詞化してもその語尾は、形容詞の語尾変化をそのまま残す。形容詞の名詞化では、男性形と女性形そして複数形は「人」を表し、中性形は「物・事」を表す。

	男性	女性	複数	中性
無冠詞	Kranker	Kranke	Kranke	Neues
定冠詞	der Kranke	die Kranke	die Kranken	das Neue
不定冠詞（類）	ein Kranker	eine Kranke	meine Kranken	etwas Neues

➡ 形容詞の名詞化の場合、その格変化は形容詞の場合と同じである。
　（例）　der Kranke ― des Kranken ― dem Kranken ― den Kranken
《重要》
　ドイツ人：Deutscher（男）, Deutsche（女）, Deutsche（複数）
　老人：der Alte（男）, die Alte（女）, die Alten（複数）
　親戚：mein Verwandter（男）, meine Verwandte（女）,
　　　　meine Verwandten（複数）
　知人：ein Bekannter（男）, eine Bekannte（女）, Bekannte（複）

3 相関的接続詞

慣用的に対の形をとって用いられる接続詞がある。これを**相関的接続詞**と呼ぶ。
entweder ... oder ... 「～かまたは～」　　weder ... noch ...「～でもなく～でもない」
nicht nur ..., sondern auch ... 「～だけでなく～もまた」
sowohl ... als auch ... 「～も～も」　　zwar ... aber ... 「確かに～ではあるが、しかし～」

1. 下線部に適当な語尾を入れましょう。　♪56　＊1）～6）については68、69頁を参照

1）Gut_____ Morgen!　Gut_____ Tag!　Gut_____ Abend!　Gut_____ Nacht!

2）Schön_____ Wochenende!　Gut_____ Reise!　Alles Gut_____ !

3）Gut_____ Appetit!　Gut_____ Besserung!　（*r* Appetit 食欲）

4）Herzlich_____ Glückwunsch zum Geburtstag!　（*r* Geburtstag 誕生日）

5）Fröhlich_____ Weihnachten und ein glücklich_____ neu_____ Jahr!

6）Hände hoch!　Kein_____ Bewegung!　（*e* Bewegung 動き）

7）Heute ist schön_____ Wetter.

8）Das ist eine schön_____ Blume.

9）Das ist ein neu_____ Auto.

10）Das Mädchen trägt rot_____ Schuhe.

2. 指示に従って全文書き換えましょう。　♪57

1）Der schwarze Mantel gefällt mir.　〈*r* Mantel を *e* Hose に〉
➡

2）Das ist eine gute Idee.　〈*e* Idee を *r* Plan に〉
➡

3）Das ist kein schlechter Gedanke.　〈*e* Gedanke を *s* Angebot に〉
➡

4）Der junge Arzt operiert den Patienten.　〈*r* Arzt を *e* Ärztin に〉
➡

5）Er ist ein netter Mann.　〈*r* Mann を *e* Frau に〉
➡

6）Wo ist mein blauer Anzug?　〈*r* Anzug を *e* Krawatte に〉
➡

7）Sie trägt ein rotes Kleid.　〈*s* Kleid を *r* Rock に〉
➡

8）Ich kaufe diese weiße Bluse.　〈*e* Bluse を *s* Hemd に〉
➡

9）Kennst du unseren neuen Kollegen?　〈*r* Kollege を *e* Kollegin に〉
➡

10）Mein Onkel wohnt in einer kleinen Stadt.〈*e* Stadt を *s* Dorf に〉
➡

基 本 Basis ♪58

1. これはその若いドイツ人（男性）のリュックサックです。（der junge Deutsche）

Das ist ＿＿＿＿＿＿ Rucksack des ＿＿＿＿＿＿ ＿＿＿＿＿＿ .

2. 小さな子供たちが大きな遊び場で遊んでいる。（spielen）

Die ＿＿＿＿＿＿ Kinder ＿＿＿＿＿＿ auf dem ＿＿＿＿＿＿ Spielplatz.

3. 祖父は私に時々楽しい話を聞かせてくれる。（manchmal / lustig / *e* Geschichte / erzählen）

Der Großvater ＿＿＿＿＿ mir ＿＿＿＿＿ eine ＿＿＿＿＿ ＿＿＿＿＿ .

4. その住まいには確かに浴室はあるが、それはとても小さい。

Die Wohnung hat ＿＿＿＿＿ ein Badezimmer, ＿＿＿＿＿ es ist sehr klein.

対 話 Dialog ♪59

1. Ⓐ ドイツのビールはお好きですか？ （deutsch / *s* Bier / trinken）

＿＿＿＿＿＿ Sie gern ＿＿＿＿＿＿ Bier?

Ⓑ はい、ドイツの白ワインも好きです。（*r* Weißwein）

Ja, und ich ＿＿＿＿＿＿ auch gern ＿＿＿＿＿＿ Weißwein.

2. Ⓐ 私は朝、暖かいコーヒーを飲みます。あなたは朝、何を飲みますか？ （warm / *r* Kaffee）

Ich ＿＿＿＿＿＿ morgens ＿＿＿＿＿＿ ＿＿＿＿＿＿ .

＿＿＿＿＿＿ ＿＿＿＿＿＿ Sie morgens?

Ⓑ 私はいつも冷たい牛乳を飲みます。 （kalt / *e* Milch）

Ich ＿＿＿＿＿＿ immer ＿＿＿＿＿＿ ＿＿＿＿＿＿ .

3. Ⓐ 大きな帽子をかぶったその小さな少女を知ってるかい？

Kennst du das ＿＿＿＿＿＿ Mädchen mit dem ＿＿＿＿＿＿ Hut?

その子は青い目をして、赤い靴を履いているよ。 （blau / rot / tragen）

Es hat ＿＿＿＿＿＿ Augen und ＿＿＿＿＿＿ ＿＿＿＿＿＿ Schuhe.

Ⓑ はい、知ってるわ。その子は私の知人（男性）の娘です。 （*r* Bekannter / *e* Tochter）

Ja, ich ＿＿＿＿＿ es.

Es ＿＿＿＿＿ die ＿＿＿＿＿ meines ＿＿＿＿＿ .

4. Ⓐ 僕の新しいシャツが見つからない。 （*s* Hemd / finden）

Ich ＿＿＿＿＿ mein ＿＿＿＿＿ ＿＿＿＿＿ nicht.

Ⓑ あなたの新しいシャツは古いソファーの上にあるわ。

Dein ＿＿＿＿＿ ＿＿＿＿＿ liegt auf ＿＿＿＿＿ ＿＿＿＿＿ Sofa.

Ⓐ 僕の黒いボールペンはどこにあるのかな？ （ schwarz / *r* Kuli）

Wo ＿＿＿＿＿ mein ＿＿＿＿＿ ＿＿＿＿＿ ?

Ⓑ あなたの黒いボールペンはここにあるわよ。

Hier ＿＿＿＿＿ doch dein ＿＿＿＿＿ ＿＿＿＿＿ .

第9課 形容詞・副詞の比較変化 / 従属接続詞

♪60 **基本例文 9-a** Basisbeispiel

Ich laufe so schnell wie du. 私は君と同じくらい走るのが速い。
Er läuft noch schneller als wir. 彼は私たちよりもっと速く走る。
Sie läuft aber am schnellsten von uns.

しかし彼女は私たちの中で一番速く走る。

対話例文 9-a Dialogbeispiel

A: Wer spricht in deiner Klasse am besten Deutsch?

君のクラスでは誰が一番上手にドイツ語を話しますか？

B: Wahrscheinlich Kathy aus London.

おそらくロンドンから来たキャシーでしょう。

1 形容詞・副詞の比較変化

◆ 規則変化

原級		比較級 -er	最上級 -(e)st
alt	古い	älter	ältest
billig	安い	billiger	billigst
jung	若い	jünger	jüngst
klein	小さい	kleiner	kleinst
kurz	短い	kürzer	kürzest
lang	長い	länger	längst
schnell	早い、速い	schneller	schnellst
schön	美しい	schöner	schönst
süß	甘い	süßer	süßest
warm	暖かい	wärmer	wärmst

※幹母音が a, o, u の時、変音する。
ただし、dunkel>dunkler>dunkelst
⇒ dunkel の比較級では語中音 e が消失する。
同様に、teuer>teurer>teuerst

※語末が -d, -t, -s, -ß, -sch の時、最上級は
-est となる。（例）heißest, hübschest
ただし、groß 大きい >größer>größt

◆ 不規則変化

原級		比較級	最上級
gut	良い	besser	best
hoch	高い	höher	höchst
nah(e)	近い	näher	nächst
viel	多い	mehr	meist

※ höher, mehr, nah(e), näher の h は
発音しない。

◆ 副詞 gern の比較変化

原級		比較級	最上級
gern	好んで	lieber	am liebsten

［注］höchstens せいぜい meistens たいていは mindestens 少なくとも wenigstens 少なくとも

42

基本例文 **9-b** Basisbeispiel

Man tut sein Bestes, um das Ziel zu erreichen.

人は目的を達成するために、最善を尽くす。

Es ist aber nicht einfach, herauszufinden, was das Beste ist.

しかし、何が最善なのかを見つけるのは容易ではない。

＊ herauszufinden : 分離動詞 herausfinden の zu 不定詞の形（47 頁参照）

対話例文 **9-b** Dialogbeispiel

A： Glaubst du, dass Claudia zur Party kommt?

君はクラウディアがパーティーに来ると思うかい？

B： Ich habe keine Ahnung, ob sie zur Party kommt.

彼女がパーティーに来るかどうかは、全く分からない。

2 注意すべき比較表現

◆ 形容詞（原級・比較級・最上級）の名詞化

der / die Gute (Bessere, Beste) 良い人（より優れた人、最も優れた人）

das Gute (Bessere, Beste) 良いこと（より良いこと、最も良いこと）

◆ 比較級・最上級の絶対的用法

ein älterer Mann　中年の男性　　Er ist in bester Laune.　彼は非常に機嫌がいい。

3 従属接続詞

> als ～した時、～より　bevor ～する前に　bis ～するまで　da ～なので　dass ～ということ
> damit ～するために　nachdem ～した後で　ob ～かどうか　obwohl ～にもかかわらず
> während ～する間　weil ～なので　wenn ～する時、～ならば

➡ 文と文を主従（上位と下位）の関係でつなぐもの、つまり一方の文（副文）が他方の文（主文）に従属するという関係を導くのが、**従属接続詞**である。

➡ 従属接続詞によって導かれた文（従属文）は**副文**と呼ばれ、定動詞は文末に置かれる（**定動詞後置**）。

―――主 文――――　　　――――副 文――――

Er *geht* heute nicht zur Schule, |weil| er die Grippe *hat*.

彼はインフルエンザにかかっている|ので|、今日は学校へ行きません。

―――副 文――――　　　――――主 文――――

|Da| das Wetter schön *ist*, *machen* wir einen Spaziergang.

天気がいい|ので|、私たちは散歩します。

1. 指示された語を原級のままか、比較級あるいは最上級にして（　）に入れましょう。 ♪62

1）Du bist so (　　　　　) wie ich. 〈alt〉

2）Monika ist (　　　　) als wir. 〈alt〉

3）Martin ist nicht so (　　　　) wie du. 〈groß〉

4）Johannes ist (　　　　) als du. 〈groß〉

5）Johannes ist also am (　　　　) von euch. 〈groß〉

6）Das rote Kleid ist (　　　　) als das gelbe. 〈schön〉

7）Am (　　　　) ist aber dieses weiße Kleid. 〈schön〉

8）Der Film gefällt mir (　　　　) als das Buch. 〈gut〉

9）Die Filmmusik gefällt mir aber am (　　　　). 〈gut〉

10）Morgens trinke ich (　　　　) Kaffee. 〈gern〉

11）Nachmittags trinke ich (　　　　) Tee als Kaffee. 〈gern〉

12）Abends trinke ich am (　　　　) Wein. 〈gern〉

2. 指示された語（原級、比較級、最上級）を名詞化して、（　）に入れましょう。 ♪63

1）Der (　　　　), bitte! 〈nah(e) の最上級〉

2）Ich wünsche Ihnen alles (　　　　)! 〈gut（原級のまま）〉

3）Wer ist der (　　　　) in deiner Familie? 〈groß の最上級〉
   Und wer ist der (　　　　)? 〈klein の最上級〉

4）Das ist mir zu teuer.
   Haben Sie noch etwas (　　　　)? 〈billig の比較級〉

3. 指示に従って、従属接続詞を用いて二文を一文にしましょう。 ♪64

1）Meine Schwester liegt im Bett. Sie hat Fieber. (*s* Fieber 熱)
   ➡ 〈後続の文に weil を用いる〉

2）Die Kinder spielen Fußball. Es regnet stark.
   ➡ 〈後続の文に obwohl を用いる〉

3）Er hat wenig Geld. Am Wochenende bleibt er zu Hause.
   ➡ 〈先行の文に da を用いる〉

4）Ich bin mit dieser Arbeit fertig. Ich mache eine Pause.
   ➡ 〈先行の文に wenn を用いる〉

基 本 Basis ♪65

1. 君は自分が思っている以上に、心がしっかりしている。(denken / als / seelisch stärker)

Du bist ＿＿＿＿＿＿ stärker, ＿＿＿＿＿＿ du ＿＿＿＿＿＿ .

2. 彼が来るまで、待ちなさい。(bis)

Warte noch, ＿＿＿＿＿＿ er ＿＿＿＿＿＿ !

3. 君はもっと大切なことがあることを忘れている。(s Wichtigeres / es gibt ... / dass)

Du vergisst, ＿＿＿＿＿＿ es noch etwas ＿＿＿＿＿＿ ＿＿＿＿＿＿ .

4. 休暇旅行に出かける前に、私はまだすることがたくさんある。

(in Urlaub fahren / viel zu tun haben)

Bevor ich in ＿＿＿＿＿＿ ＿＿＿＿＿＿ , ＿＿＿＿＿＿ ich noch viel

＿＿＿＿＿＿ ＿＿＿＿＿＿ .

対 話 Dialog ♪66

1. Ⓐ なぜ今日は新聞が来ないのか、知ってるかい？ (wissen / kommen)

＿＿＿＿＿＿ du, warum heute ＿＿＿＿＿＿ Zeitung ＿＿＿＿＿＿ ?

Ⓑ 今日は祝日だからよ。(r Feiertag)

Weil heute ＿＿＿＿＿＿ ＿＿＿＿＿＿ .

2. Ⓐ あなたはベジタリアン（男性）なのに、どうしてそのサラダを食べないのですか？

(Vegetarier sein / obwohl)

Warum essen Sie den Salat ＿＿＿＿＿＿ , ＿＿＿＿＿＿ Sie

＿＿＿＿＿＿ ＿＿＿＿＿＿ ?

Ⓑ 野菜が一部新鮮でないからです。(teilweise / nicht frisch)

＿＿＿＿＿＿ das Gemüse ＿＿＿＿＿＿ nicht ＿＿＿＿＿＿ ＿＿＿＿＿＿ .

3. Ⓐ ねえ、今何時なの？ (wie spät ist es? / jetzt)

Sag mal, wie spät ist ＿＿＿＿＿＿ ＿＿＿＿＿＿ ?

Ⓑ 11時ごろだと思うよ。(gegen / dass)

Ich glaube, ＿＿＿＿＿＿ es ＿＿＿＿＿＿ elf Uhr ＿＿＿＿＿＿ .

4. Ⓐ 日曜日、私は山登りに行きます。(zum Bergsteigen gehen)

Am Sonntag ＿＿＿＿＿＿ ＿＿＿＿＿＿ zum Bergsteigen.

あなたも一緒に来ますか。(Sie / mit / kommen)

＿＿＿＿＿＿ ＿＿＿＿＿＿ auch ＿＿＿＿＿＿ ?

Ⓑ 時間があれば、喜んで一緒に行きます。(kommen)

Wenn ich ＿＿＿＿＿＿ ＿＿＿＿＿＿ , ＿＿＿＿＿＿ ＿＿＿＿＿＿ gern mit.

第10課　話法の助動詞 / 未来形 / 分離動詞と非分離動詞

♪67　**基本例文** 10-a　Basisbeispiel

Können Sie mir *sagen*, wo der Hauptbahnhof ist?

中央駅はどこか教えていただけますか？

Darf ich Sie kurz *stören*? — ちょっとお邪魔してもかまいませんか。
Soll ich die Tür *schließen*? — ドアを閉めましょうか？
Was möchten Sie *trinken*? — お飲み物は何がいいですか？

対話例文 10-a　Dialogbeispiel

A：Unsere Firma soll bankrott *gehen*.　私たちの会社が倒産するといううわさです。
　　Stimmt das?.　　　　　　　　　　　　それは本当ですか？
B：Das kann nicht wahr *sein*.　　　　　そんなことはありえません。

1 話法の助動詞

▪ 語法の助動詞の現在人称変化

	können 〜できる	müssen 〜せねばならない 〜にちがいない	dürfen 〜してもよい	mögen 〜かもしれない	wollen 〜するつもりだ	sollen 〜すべきだ 〜だそうだ	möchte 〜したい
ich	kann	muss	darf	mag	will	soll	möchte
du	kannst	musst	darfst	magst	willst	sollst	möchtest
er/sie/es	kann	muss	darf	mag	will	soll	möchte
wir	können	müssen	dürfen	mögen	wollen	sollen	möchten
ihr	könnt	müsst	dürft	mögt	wollt	sollt	möchtet
sie/Sie	können	müssen	dürfen	mögen	wollen	sollen	möchten

➡ möchte は本来、接続法第2式の形だが、今日では話法の助動詞に準じて用いられている。

2 話法の助動詞の用法

話法の助動詞は主語の人称に応じて人称変化する。

話法の助動詞は不定詞を伴う。不定詞は文末に位置し、**枠構造**を形成する。

Er kann Deutsch *sprechen*.　　　彼はドイツ語を話すことができる。
Ich muss die Arbeit *erledigen*.　私は仕事を片付けなければならない。
Man darf hier nicht *rauchen*.　　ここではタバコを吸ってはいけません。

◆ **話法の助動詞の独立用法：不定詞を伴わない用法**

Das will ich nicht, aber ich muss.　そんなことはしたくないのだが、やむを得ないのだ。

♪68　基本例文　10-b　Basisbeispiel

Sie wird wohl ihr Ziel *erreichen*.　多分彼女は目標を達成するでしょう。
Ich werde dich bestimmt *besuchen*.　必ず君に会いに行きます。
Das Konzert findet heute um 20 Uhr statt.

　　　　　　　　　　　　　　　　　　コンサートは今日の20時に開催される。

対話例文　10-b　Dialogbeispiel

A： Nimmst du an der Seminarreise teil?　ゼミ旅行に参加するかい？
B： Ja, ich möchte gern daran teilnehmen.　はい、喜んで参加したいです。

3　未来形　werden・・・不定詞

助動詞 werden は主語の人称に応じて人称変化する。

助動詞 werden は必ず不定詞を伴う。不定詞は文末に位置し、**枠構造**を形成する。

◆ 未来形は、基本的に話者の推測・推量を表す。

　　Er wird wohl krank *sein*.　　おそらく彼は病気でしょう。

◆ 主に主語が1人称のとき、話者の意志表明・宣言の意味をもつことがある。

　　Das werde ich nie wieder *machen*.　　そんなことは二度としません。

◆ 主に主語が2人称のとき、話者の強い要望・命令の意味をもつことがある。

　　Du wirst mir in der Küche *helfen*.　　台所で私の手伝いをするのですよ。

4　分離動詞

◆ 前綴りと基礎動詞が分離する動詞を、分離動詞と呼ぶ。

◆ 分離動詞の前綴りには、強アクセントが置かれる。

◆ 基礎動詞（定動詞）と分離の前綴り（文末の定動詞要素）とで、枠構造が形成される。

＜平叙文＞ Er steht morgen um 6 Uhr auf. 彼は明日6時に起きる。

＜命令文＞ Stehen Sie früh auf!　　早起きしなさい。

＜助動詞構文＞ Du musst morgen früh aufstehen.　　君は明日早起きしなければならない。

◆ zu 不定詞の形：teilzunehmen　aufzustehen　abzuholen

5　非分離動詞

◆ 前綴りと基礎動詞が分離しない動詞を、非分離動詞と呼ぶ。

◆ 非分離動詞の前綴りには、アクセントが置かれない。

◆ 非分離の前綴り：be-, emp-, ent-, er-, ge-, ver-, zer-

◆ わずかだが分離および非分離の前綴りがあり、注意を要する。

　非分離動詞：übersétzen 翻訳する　umgéhen 迂回する　wiederhólen 繰り返す

　分離動詞：ǘbersetzen（対岸へ）渡す　úmgehen 広まる　wíederholen 取って来る

47

1．指示された話法の助動詞を用いて、全文を書き換えましょう。 ♪69

1）Hilfst du mir? 〈können〉

➡

2）Das ist wahr. 〈müssen〉

➡

3）Er ist wohl über 80 Jahre alt. 〈mögen〉

➡

4）Ich studiere in Deutschland. 〈wollen〉

➡

5）Ich gehe morgen zum Arzt. 〈sollen〉

➡

6）Man tritt in das Zimmer nicht ein. 〈dürfen〉(eintreten 入る)

➡

7）Leider komme ich nicht mit. 〈können〉

➡

8）Wir kaufen möglichst billig ein. 〈müssen〉(möglichst できるだけ)

➡

9）Mache ich das Fenster auf? 〈sollen〉

➡

10）Der Außenminister tritt zurück. 〈sollen〉(r Außenminister 外務大臣 / zurücktreten 辞職する)

➡

2．次の文（現在形）をすべて未来形に書き換えましょう。 ♪70

1）So etwas Schreckliches passiert wohl nie wieder. (s Schreckliches 恐ろしいこと)

➡

2）Nächstes Jahr gewinne ich bestimmt den ersten Preis. (bestimmt きっと)

➡

3）Am Sonntag hole ich dich am Flughafen ab. (abholen 迎えに行く)

➡

4）Bettina, du räumst heute unbedingt dein Zimmer auf. (aufräumen 片付ける)

➡

5）Liebe Kinder, ihr lest eine Stunde ganz still Bücher. (still 静かに)

➡

基 本 Basis ♪71

1. 明日もまた雨が降るでしょう。（es regnet / werden）

Morgen ＿＿＿＿＿＿ ＿＿＿＿＿＿ wieder ＿＿＿＿＿＿ .

2. 信号が赤の時、道路を横断してはいけない。（rot / zeigen / überqueren / dürfen）

Wenn die Ampel ＿＿＿＿＿＿ ＿＿＿＿＿＿ , ＿＿＿＿＿＿ man die Straße
＿＿＿＿＿＿ ＿＿＿＿＿＿ .

3. 君たちは授業中ノートをとらなければならない。（mitschreiben / müssen）

Ihr ＿＿＿＿＿＿ im Unterricht ＿＿＿＿＿＿ .

4. 生徒たちは全員次の試験に合格するようにと言われている。（nächst / bestehen / sollen）

Alle Schüler ＿＿＿＿＿＿ die ＿＿＿＿＿＿ Prüfung ＿＿＿＿＿＿ .

対 話 Dialog ♪72

1. Ⓐ 何時にあなたのところへ行けばいいのですか？ （kommen / sollen）

Um wie viel Uhr ＿＿＿＿＿＿ ich zu Ihnen ＿＿＿＿＿＿ ?

Ⓑ 18 時に来ていただけますか？ （kommen / können）

＿＿＿＿＿＿ Sie um ＿＿＿＿＿＿ Uhr ＿＿＿＿＿＿ ?

2. Ⓐ 誰かこのドイツ語の文章を日本語に訳すことができますか？（deutsch / übersetzen / können）

＿＿＿＿＿＿ jemand diesen ＿＿＿＿＿＿ Satz ins Japanische ＿＿＿＿＿＿ ?

Ⓑ 私がやってみます。 （versuchen / werden）

Ich ＿＿＿＿＿＿ es ＿＿＿＿＿＿ .

3. Ⓐ どこに行くつもりなの？ （gehen / wollen）

Wohin ＿＿＿＿＿＿ du ＿＿＿＿＿＿ ?

Ⓑ 外はとても気持ちがいいので、散歩に出かけたいんだ。

（draußen / angenehm sein / spazieren gehen / möchte）

Da es ＿＿＿＿＿＿ sehr angenehm ＿＿＿＿＿＿ , ＿＿＿＿＿＿ ich
＿＿＿＿＿＿ ＿＿＿＿＿＿ .

4. Ⓐ そろそろ時間です。行かなければなりません。 （Zeit / gehen / müssen）

Es ist langsam ＿＿＿＿＿＿ . Ich ＿＿＿＿＿＿ ＿＿＿＿＿＿ .

Ⓑ またお会いすることができますか？ （wiedersehen / können）

＿＿＿＿＿＿ wir uns ＿＿＿＿＿＿ ?

Ⓐ ええ、もちろんです。これは最後の別れではありません。 （für immer）

Ja, natürlich! Das ＿＿＿＿＿＿ kein Abschied ＿＿＿＿＿＿ ＿＿＿＿＿＿ .

第 11 課　動詞の三基本形 / 過去形と過去人称変化 / 分詞

♪73 **基本例文** 11-a **Basisbeispiel**

Das war harte Arbeit.　　　　　　あれはきつい仕事だった。

Auch in der Stunde der Not war er tapfer.

　　　　　　　　　　　　苦境にあるときでも、彼は毅然としていた。

Er hatte mit der Arbeit großen Erfolg.　彼は仕事で大成功を収めた。

対話例文 11-a **Dialogbeispiel**

A： Warum warst du nicht auf der Party?

　　　　　　　　　　　　どうして君はパーティーに来なかったの？

B： Ich hatte an dem Tag leider keine Zeit.

　　　　　　　　　　　　その日は残念ながら時間がなかったの。

1　動詞の三基本形

不定詞・過去基本形・過去分詞の三つの形を、動詞の三基本形という。

◆ **規則動詞**

不定詞	過去基本形	過去分詞
語幹＋ (e)n	語幹＋ (e)te	ge ＋語幹＋ (e)t
lernen	lernte	gelernt
wohnen	wohnte	gewohnt
arbeiten	arbeitete	gearbeitet

➡ -ieren で終わる動詞の過去分詞には ge が付かない。

studieren – studierte – studiert

◆ **不規則動詞** (末尾の表を参照)

不定詞	過去基本形	過去分詞
sein	war	gewesen
haben	hatte	gehabt
werden	wurde	geworden
kommen	kam	gekommen
gehen	ging	gegangen
wissen	wusste	gewusst

◆ **話法の助動詞**

不定詞	過去基本形	過去分詞
können	konnte	können
müssen	musste	müssen
dürfen	durfte	dürfen
mögen	mochte	mögen
sollen	sollte	sollen
wollen	wollte	wollen

➡ 話法の助動詞の過去分詞は、不定詞と同形。

➡ 話法の助動詞が本動詞として用いられるとき：

können—konnte—gekonnt

◆ **分離動詞と非分離動詞**

不定詞	過去基本形	過去分詞
teilnehmen	nahm ... teil	teilgenommen
verstehen	verstand	verstanden

➡ 非分離動詞の過去分詞には ge- が付かない。

50

♪74 　基本例文 **11-b** Basisbeispiel

Am Anfang konnten wir nicht gut Deutsch sprechen.

最初私たちはドイツ語をうまく話すことができなかった。

Beim Meditieren durfte man kein Wort sagen.

瞑想するときは一言もしゃべってはいけなかった。

対話例文 **11-b** Dialogbeispiel

A： Wo warst du denn gestern ?　いったい君は昨日どこにいたの？
B： Ich war im Büro, weil ich eine dringende Arbeit hatte.

緊急の仕事があったので、オフィスにいました。

2 過去形と過去人称変化

　ドイツ語の日常会話では、過去の事柄には現在完了形が用いられる。ドイツ語の過去形は、過去の事柄を現在とは切り離して、客観的事実としてとらえる時制であり、**物語調・報告調の文体**に用いられる。ただし sein や haben などは一般的に日常会話では過去形で用いられる。

　Es war einmal ein König. むかし一人の王様がいました。
　Der Zweite Weltkrieg endete im Jahr 1945. 第2次世界大戦は1945年に終結した。

▪ **動詞・助動詞の過去人称変化**

ich	-	lernte	kam	war	hatte	wurde	konnte
du	-st	lerntest	kamst	warst	hattest	wurdest	konntest
er	-	lernte	kam	war	hatte	wurde	konnte
wir	-(e)	lernten	kamen	waren	hatten	wurden	konnten
ihr	-t	lerntet	kamt	wart	hattet	wurdet	konntet
sie/Sie	-(e)	lernten	kamen	waren	hatten	wurden	konnten

3 分詞

・形容詞として用いられる現在分詞（**不定詞＋ d**）と過去分詞

　　eine hervorragende Leistung　　すばらしい（卓越した）成績
　　ein gekochtes Ei　ゆで卵（単数）　　gekochte Eier　ゆで卵（複数）
　　Der Film war aufregend und spannend.　映画はスリルにあふれてハラハラした。
　　Die Toilette ist besetzt.　トイレは使用中です。

・分詞の名詞化

　　大学生　der / die Studierende　ein Studierender　eine Studierende
　　旅人　　der / die Reisende　　ein Reisender　　eine Reisende
　　負傷者　der / die Verletzte　　ein Verletzter　　eine Verletzte

51

1． 次の分離動詞（不定詞）の意味を（　　　　）に、過去基本形と過去分詞を下線部に
書き入れましょう。　♪75

1）abfahren 　　（　　　　　　　）　_____　_____

2）ankommen 　　（　　　　　　　）　_____　_____

3）aussehen 　　（　　　　　　　）　_____　_____

4）umsteigen 　　（　　　　　　　）　_____　_____

5）zurückgeben 　（　　　　　　　）　_____　_____

2． 指示された分離動詞を過去形にして、（　　　　）に入れましょう。　♪76

1）Der Zug nach Berlin（　　　　　）pünktlich（　　　）.　　　〈abfahren〉

2）Unser Bus（　　　　　）sehr spät（　　　）.　　　〈ankommen〉

3）Meine Mutter（　　　　　　）mich plötzlich（　　　）.　　　〈anrufen〉

4）Petra（　　　　　）ihren Koffer（　　　）.　　　〈auspacken〉

5）Stefan（　　　　　）ganz erschöpft（　　　）.　　　〈aussehen〉

6）Die Reisenden（　　　　　）in Köln（　　　）.　　　〈umsteigen〉

7）Der Name des Studierenden（　　　　　　）mir nicht（　　　）.　〈einfallen〉

3． 下線部の助動詞あるいは動詞をすべて過去形に書き換えましょう。　♪77

1）Sandra <u>will</u> Ärztin werden.

　➡

2）Wir <u>können</u> den Verletzten helfen.

　➡

3）Ich <u>muss</u> einkaufen gehen.

　➡

4）Sie <u>darf</u> abends nicht ausgehen.

　➡

5）Lisa <u>lernt</u> fleißig und <u>wird</u> die beste Schülerin der Klasse.

　➡

6）Ich <u>habe</u> keine Ahnung, was ich tun <u>soll</u>.

　➡

7）Die Hauptsache <u>ist</u>, dass jeder seine Meinung äußern <u>kann</u>.　（*e* Hauptsache 最も重要なこと）

　➡

8）Es <u>dauert</u> lange, bis sein Traum Wirklichkeit <u>wird</u>.　　（dauern 時間がかかる）

　➡

基 本 Basis ♪78

1. 1440年頃、グーテンベルクが活版印刷術を発明した。（entdecken）

   Gegen 1440 ＿＿＿＿＿＿ Gutenberg die Buchdruckerkunst.

2. ウィーン会議は1814年から1815年まで開催された。（stattfinden）

   Der Wiener Kongress ＿＿＿＿＿＿ von 1814 bis 1815 ＿＿＿＿＿＿ .

3. ベンツは1885年、自動車の製造を開始した。（bauen / beginnen）

   Benz ＿＿＿＿＿＿ 1885, sein Automobil ＿＿＿＿＿＿ ＿＿＿＿＿＿ .

4. 1961年から1989年まで、ベルリンには壁があった。（stehen）

   Von 1961 ＿＿＿＿＿＿ 1989 ＿＿＿＿＿＿ in Berlin die Mauer.

対 話 Dialog ♪79

1. Ⓐ トビアスは昨日顔色が悪かったけど、どうしてか知ってる？ （aussehen / wissen）

   Tobias ＿＿＿＿＿＿ gestern blass ＿＿＿＿＿＿ .

   ＿＿＿＿＿＿ du warum?

   Ⓑ ええ。彼は昨日とても可哀そうだったわ。（人³ leidtun）

   Ja. Er ＿＿＿＿＿＿ mir gestern sehr ＿＿＿＿＿＿ .

   彼は留年しないといけないのよ。（sitzen bleiben / müssen）

   Er ＿＿＿＿＿＿ nämlich ＿＿＿＿＿＿ ＿＿＿＿＿＿ .

2. Ⓐ 3日前、交通事故に遭ったんだ。（ r Unfall / haben）

   Vor ＿＿＿＿＿＿ Tagen ＿＿＿＿＿＿ ich einen ＿＿＿＿＿＿ mit dem Auto.

   Ⓑ 本当？ けがはしなかったの？ （verletzt sein）

   Wirklich? ＿＿＿＿＿＿ du nicht ＿＿＿＿＿＿ ?

   Ⓐ うん、幸いけがはしなかった。

   ＿＿＿＿＿＿ , Gott sei dank nicht.

3. Ⓐ 僕の白いハンカチどこにあるか知らないかい？ （wissen / weiß / s Taschentuch）

   ＿＿＿＿＿＿ du ＿＿＿＿＿＿ , wo mein ＿＿＿＿＿＿ Taschentuch ＿＿＿＿＿＿ ?

   さっき椅子の上に置いたんだけど。 （legen）

   Ich ＿＿＿＿＿＿ es vorhin auf ＿＿＿＿＿＿ Stuhl.

   Ⓑ あなたの子ネコが何かを引き裂こうとしていたけど、あれはあなたのハンカチだったの？

   （dein / zerreißen / versuchen + zu 不定詞）

   ＿＿＿＿＿＿ Kätzchen ＿＿＿＿＿＿ etwas ＿＿＿＿＿＿ ＿＿＿＿＿＿ .

   ＿＿＿＿＿＿ das ＿＿＿＿＿＿ Taschentuch?

   Ⓐ まいったな、まただよ。

   Ach Gott! Schon wieder!

第12課 完了形 / 再帰代名詞と再帰動詞

♪80 **基本例文 12-a** Basisbeispiel

Er hat das Formular ausgefüllt.　彼はその用紙に記入した。

Sie ist am Marktplatz ausgestiegen und hat etwas eingekauft.

彼女は（市の立つ）広場で降りて、何か買い物をした。

対話例文 12-a Dialogbeispiel

A： Was hast du in den Ferien gemacht?　君は休暇中に何をしたの？

B： Ich bin in die Schweiz gefahren und habe den ganzen Tag an einem
See verbracht.　私はスイスに行って、一日中湖畔で過ごしました。

---

1 現在完了形 haben / sein + 過去分詞

< lernen >

ich habe ... gelernt	wir haben ... gelernt
du hast ... gelernt	ihr habt ... gelernt
er hat ... gelernt	sie/Sie haben ... gelernt

< fahren >

ich bin ... gefahren	wir sind ... gefahren
du bist ... gefahren	ihr seid ... gefahren
er ist ... gefahren	sie/Sie sind ... gefahren

➡ 完了の助動詞 haben と sein は人称変化する。

➡ 過去分詞は文末に位置し、定動詞の haben または sein と共に枠構造を形成する。

Wir haben zwei Jahre Deutsch gelernt.　私たちは2年間ドイツ語を学びました。

Er ist letztes Jahr nach Wien gefahren.　彼は去年ウィーンへ行きました。

◆ ドイツ語の日常会話では過去の出来事や事柄を表すのに現在完了形が用いられる。

◆ 完了の助動詞 haben と sein の使い分け

・全ての他動詞（4格目的語をとる動詞）と多くの自動詞（4格目的語をとらない動詞）は、
完了の助動詞として haben をとる。（haben 支配）

・自動詞の中でも次のような動詞は、完了の助動詞として sein をとる。（sein 支配）

場所の移動を表す動詞：gehen 行く　kommen 来る　fahren （乗り物で／が）行く

laufen 走る・歩く　fliegen 飛ぶ、飛行機で行く　reisen 旅行する

状態の変化を表す動詞：werden ～になる　sterben 死ぬ　entstehen 生じる

wachsen 成長する

その他：sein ～である　bleiben とどまる

2 過去完了形 hatte / war + 過去分詞

◆ 過去完了形は過去のある時点までに完了した事柄を表す。

Nachdem er sie kennengelernt hatte, dachte er nur noch an sie.

彼は彼女と知り合った後、彼女のことで頭がいっぱいになった。

♪81 **基本例文** 12-b Basisbeispiel

Nachdem er die härteste Zeit überstanden hatte, wurde er toleranter als zuvor. 　　　　　　　　彼は一番つらい時を乗り越えた後、以前にもまして寛容になった。

Wenn man eine seelische Verletzung erleidet, braucht man Zeit, um sich davon zu erholen. 　　　人は心が傷つくと、そこから立ち直るには時間がかかる。

対話例文 12-b Dialogbeispiel

A： Darf ich mich vorstellen? Ich heiße Moritz. Freut mich!
　　　　　　　　　　　自己紹介してもいいですか？僕の名前はモーリッツです。よろしく。

B： Freut mich auch! 　こちらこそよろしく。

3 未来完了形　werden + 完了の不定詞（過去分詞 + haben/sein）

◆ 未来のある時点で完了していると予想したり、過去の出来事についての推測を表す。

Eva wird vor einem Jahr nach Koblenz umgezogen sein.
　　　　エーファは1年前にコブレンツに引っ越したのだろう。

➡ 日常会話では、未来完了形が用いられることは少なく、他の時制に置き換えられるのが一般的である。

Felix hat wohl den letzten Zug verpasst. フェリックスは多分最終列車に乗り遅れたのだろう。

4 再帰代名詞

主語	ich	du	er/sie/es	wir	ihr	sie/Sie
3格	mir	dir	sich	uns	euch	sich
4格	mich	dich	sich	uns	euch	sich

➡ 主語と同一の人称（人・物事）を受ける代名詞で、「自分自身を（に）」「それ自身を（に）」を意味する。

➡ 3人称は性・数の区別なく、すべて sich となる。

＜用法上の注意＞

所有・利害の3格　　Ich habe mir ein Auto gekauft. 私は（自分が乗るために）車を買った。

「相互代名詞」　　Tina und Max lieben sich^4. ティナとマックスは互いに愛し合っている。

5 再帰動詞

再帰代名詞と共に用いられ、一つのまとまった意味をもつ動詞を**再帰動詞**と言う。

（他動詞）　setzen 〜を置く、座らせる　―　（再帰動詞）sich^4 setzen 座る

　　　　　ändern 〜を変える　　　―　　　　　　sich^4 ändern 変わる

　　　　　freuen 〜を喜ばす　　　―　　　　　　sich^4 freuen 喜ぶ

1. 指示された動詞を現在完了形にして、(　　　　) に入れましょう。 ♪82

1) Wir (　　　　) deutsches Bier (　　　　　　). 〈trinken〉

2) Ich (　　　　) in Wien (　　　　). 〈wohnen〉

3) Er (　　　　) nach Leipzig (　　　　). 〈fahren〉

4) Der Arzt (　　　　) ihm das Rauchen (　　　　). 〈verbieten 禁じる〉

5) Zu Mittag (　　　　) er nur Gemüse (　　　　). 〈essen〉

6) In einem Monat (　　　　) er 5 Kilo (　　　　). 〈abnehmen 体重が減る〉

7) Monika (　　　　) früh ins Bett (　　　　) und früh (　　　　).
〈gehen / aufstehen〉

8) Es (　　　　) ihr (　　　　), fit zu bleiben. 〈人³ gelingen 成功する〉

2. (　　　　) に適当な再帰代名詞を入れましょう。 ♪83

1) Das Wetter in den Bergen kann (　　　) schnell ändern. (s Wetter 天気)

2) Die Kinder freuen (　　　) auf Weihnachten. (pl Weihnachten クリスマス)

3) Setz (　　　) bitte auf das Sofa! (sich⁴ auf ... setzen 〜に座る)

4) Macht es (　　　) bitte bequem! (es macht sich³ bequem くつろぐ)

5) Das muss ich (　　　) mal überlegen. (sich³ überlegen よく考える)

6) Ich mag dich nicht. Du magst mich nicht. Wir mögen (　　　) nicht.

3. 下線部の動詞（現在形）をすべて現在完了形にして、全文書き換えましょう。 ♪84

1) Wer <u>macht</u> das Licht <u>aus</u>? (ausmachen 消す)
   ➡

2) Wem <u>gehört</u> das Geld? (人³ gehören 〜のものである)
   ➡

3) Wen <u>ladet</u> ihr zum Abendessen <u>ein</u>? (人⁴ einladen 招待する)
   ➡

4) Wann <u>findet</u> das Konzert <u>statt</u>? (stattfinden 開催される)
   ➡

5) Warum <u>teilen</u> Sie ihm meine Adresse <u>mit</u>? (mitteilen 知らせる / e Adresse 住所)
   ➡

6) Ich <u>lese</u>, dass Siegfried den Drachen <u>besiegt</u>. (besiegen 打ち負かす、退治する)
   ➡

7) Ich <u>verschlafe</u>, weil der Wecker nicht <u>klingelt</u>. (verschlafen 寝過ごす)
   ➡

基 本 Basis ♪85

1. 彼は朝早くから出かけて、夜遅くになって帰宅した。 （losfahren / zurückkommen）

Er _____ morgens früh _____ und abends spät _____ .

2. 彼女は子供たちにドイツのメルヘンを話して聞かせた。 （erzählen）

Sie _____ den Kindern ein _____ Märchen _____ .

3. 列車が間もなく出発するので、私たちは急がなければならない。(abfahren / sich⁴ beeilen)

Da der Zug bald _____ , _____ _____ _____ beeilen.

4. 私は気分が悪かったので、医者のところへ行った。（ zum Arzt gehen/ sich⁴ schlecht fühlen）

Ich _____ zum Arzt _____ , weil ich _____ schlecht

_____ _____ .

対 話 Dialog ♪86

1. Ⓐ あなたは何に興味がありますか？ （sich⁴ interessieren）

Wofür _____ Sie _____ ?

Ⓑ 私はドイツのクラシック音楽に興味があります。

Ich _____ _____ für _____ klassische Musik.

2. Ⓐ 私たちは知り合ってもう長くなります。 （sich⁴ / kennen）

Wir _____ _____ schon lange.

お互いに du で呼び合いませんか？ （sich⁴ / duzen）

Wollen _____ _____ _____ ?

Ⓑ はい、喜んで。

_____ , _____ .

3. Ⓐ 今日の英会話は休講だといううわさだ。 （ausfallen / sollen）

Die Englisch-Konversation _____ heute _____ .

リチャード先生は風邪を引いたと聞いたよ。 （hören / sich⁴ erkälten）

Ich _____ _____ , dass _____ Herr Richard

_____ _____ .

Ⓑ それはお気の毒に。 （人³ leidtun）

Das _____ mir _____ .

でも助かったわ。

Aber Gott sei Dank!

これで今日のドイツ語の試験の準備ができるわ。 （sich⁴ auf ...⁴ vorbereiten）

Dafür _____ ich _____ heute auf _____ Deutschprüfung

_____ .

基本例文　**I -a**　Basisbeispiel

Der Kalte Krieg wurde mit dem Fall des Eisernen Vorhangs beendet.

冷戦は鉄のカーテンの崩壊と共に終結した。

Das Wasser muss von Giftstoffen gereinigt werden.

水は有毒物質から浄化されねばならない。

対話例文　**I -a**　Dialogbeispiel

A: Am Sonntag wird ein neuer Bürgermeister gewählt.

日曜日に新しい市長が選ばれます。

B: Dann müssen wir zur Wahl gehen.

それなら私たちは選挙に行かなければなりません。

1　受動文

1．動作受動　werden + 過去分詞　「～される」

➡ **werden は人称変化**する。

➡ **過去分詞は文末**に置かれ、定動詞の werden と共に**枠構造**を形成する。

◆ **受動文の主語**

・動作・行為を受ける対象あるいは行為や出来事が受動文の主語となる。動作・行為の主体は受動文では von... によって、原因・理由は durch...、手段・道具は mit... によって表される。

Die ganze Stadt wurde *durch* Bomben zerstört.　町全体が爆撃によって破壊された。

2．状態受動　sein + 過去分詞　「～されている、～している」

➡ **sein は人称変化**する。

➡ **過去分詞は文末**に置かれ、定動詞の sein と共に**枠構造**を形成する。

◆ **動作受動が「～される」を意味するのに対し、動作・行為を受けた結果としての状態を表す。**

Die Hausaufgaben sind schon längst erledigt.　宿題はもうとっくに済ませている。

3．自動詞の受動文（非人称受動）

ドイツ語文法では、4格目的語をとる動詞を**他動詞**と呼び、4格目的語をとらない動詞を**自動詞**と呼ぶ。従って目的語をとらない動詞だけでなく、2格支配の動詞（bedürfen 必要とする, gedenken 思い出す）や3格支配の動詞（begegnen 出会う, gefallen 気に入る, helfen 助ける）でも自動詞に分類される。

➡ 自動詞を用いた受動文では、**主語のない受動文**ができる。

➡ 主語のない受動文を避けるために、**非人称の es** を形式上の主語としてたてることが出来るが、この es は文頭にだけ現れて、**文頭以外では消失**する。

［能動文］　Am Sonntag arbeitet man hier nicht.　日曜日はここでは仕事をしない。

［受動文］　Am Sonntag wird hier nicht gearbeitet.

⇒ Es wird hier am Sonntag nicht gearbeitet.

＜注＞「一般の人」を表す man は、能動文にしか用いられず、受動文では消失する。

♪88 〔基本例文 Ⅰ-b〕 Basisbeispiel

Der Polizist sucht die Person, die den Unfall beobachtet hat.

警官が、その事故を見た人物を探している。

Wer ins Ausland geht, muss einen Reisepass haben.

外国へ行く者は、パスポートを持たなければならない。

〔対話例文 Ⅰ-b〕 Dialogbeispiel

A : Wer ist der junge Mann, der dort an der Ecke steht?

あそこの角に立っている若い男性は誰ですか？

B : Das ist ein Freund von Bettina. あれはベッティーナの男友達です。
Den kenne ich gut. あの人ならよく知っています。

2 関係代名詞

1．定関係代名詞

	男性	女性	中性	複数
1格	der	die	das	die
2格	dessen	deren	dessen	deren
3格	dem	der	dem	denen
4格	den	die	das	die

➡ 定関係代名詞は特定の**先行詞（名詞）**を受ける。**先行詞の性・数と定関係代名詞の性・数**は必ず**一致**する。

➡ 定関係代名詞の**格**は、関係文における役割（主語、目的語など）によって決まる。

➡ 定関係代名詞は**省略できない**。関係文は必ず**コンマ**で区切る。

➡ 関係文は副文なので、関係文の**定動詞は文末**に位置する。（**定動詞後置**）

➡ 定関係代名詞と文末の定動詞とで**枠構造**を形成する。

2．不定関係代名詞 (wer と was)

◆ **wer** は「（およそ）～する人」、**was** は「～すること」を意味し、**不特定の人や事物を表す。**

◆ **格変化：wer（1格）wessen（2格）wem（3格）wen（4格）/ was（1格・4格）**

➡ 不定関係代名詞 **wer** は先行詞をとらない。

➡ 不定関係代名詞 **was** は、alles（全て）, etwas（何か）, nichts（何も～ない）, vieles（多くのこと）や、中性名詞化した形容詞などを先行詞にとることがある。

3 指示代名詞

➡ 複数2格に derer が加わるだけで、すべて**定関係代名詞の格変化と同形**。

➡ 単独で用いられ、定冠詞より**指示性が強まる**。従って、**強めのアクセント**が置かれる。

1. 次の文（能動文）を受動文に書き換えましょう。 ♪89

1）Dr. Beck untersucht den Patienten. （untersuchen 診察する）
➡

2）Mein Vater holt Hilde am Bahnhof ab. （abholen 迎えに行く）
➡

3）Das Erdbeben zerstörte viele Häuser. （s Erdbeben 地震 / zerstören 破壊する）
➡

4）Man baut hier nächstes Jahr ein neues Stadion. （s Stadion スタジアム、競技場）
➡

5）Man muss den Verletzten sofort operieren. （r Verletzte けが人）
➡

6）Man darf in den öffentlichen Gebäuden nicht rauchen. （öffentlich 公共の）
➡

2.（　　　）の中に、適当な定関係代名詞あるいは不定関係代名詞を入れましょう。 ♪90

1）Das ist der Student, （　　　）fließend Deutsch spricht. （fließend 流暢に）
2）Das ist die Frau, （　　　）Sohn in London studiert.
3）Das ist ein Flugzeug, （　　　）ohne Motor fliegt. （s Flugzeug 飛行機）
4）Ich kenne die Leute nicht, （　　　）er zur Hochzeit eingeladen hat.
5）Kennst du das Mädchen, mit （　　　）dein Bruder manchmal Tennis spielt?
6）Alles, （　　　）er gesagt hat, war Lüge. （e Lüge うそ）
7）（　　　）einmal lügt, dem glaubt man nicht. （lügen うそをつく）
8）Das ist das Schönste, （　　　）ich je gesehen habe! （s Schönste 最も美しいもの）

3. 下線部を先行詞として、2文を定関係代名詞で結びましょう。 ♪91

1）Wer ist der Mann? Den Mann hast du gestern kennengelernt.
➡

2）Wer ist die Frau? Die Frau hast du eben gegrüßt. （grüßen あいさつする）
➡

3）Wer sind die Leute? Die Leute triffst du immer am Sonntag. （treffen 会う）
➡

4）Wie heißt der Junge? Mit dem Jungen hast du dich morgen verabredet.
➡ （sich⁴ mit ... verabreden ～と会う約束をする）

基 本　Basis　♪92

1. オペラ劇場は修理され、その後再開される。 （renovieren / wiedereröffnen）

Das Opernhaus wird _____ und danach _____ .

2. 動物園が閉鎖されると公表された。 （bekanntgeben / schließen）

Es _____ _____ , dass der Tiergarten _____ _____ .

3. こちらは、あなたがまだご存知ない人たちです。 （kennen）

Das _____ die Leute, _____ Sie noch nicht _____ .

4. 昔、一人の王様がいました。王様には一人の可愛い娘がいました。 （hübsch）

Es _____ einmal _____ König.

_____ hatte _____ _____ Tochter.

対 話　Dialog　♪93

1. Ⓐ どうしてあなたは何もしゃべらなかったの？ （sagen）〈現在完了形〉

Warum _____ du nichts _____ ?

Ⓑ 僕は話しかけられなかったんだ。 （ansprechen）〈現在完了形〉

Ich bin nicht _____ worden.

Ⓐ あなたは聞かれなくても、何かしゃべらないとだめよ。 （sagen / müssen / fragen）

Du _____ auch etwas _____ , ohne dass du _____ _____ .

2. Ⓐ 君が昨日見た映画はどうだった？ （sehen）

Wie _____ der Film, _____ du gestern _____ _____ ?

Ⓑ 私が見た映画は、チャプリンの古いサイレント映画でした。

Der Film, _____ ich _____ _____ , _____

ein _____ Stummfilm von Chaplin.

あの映画はペーソスであふれて、素晴らしかったわ。 （voller ... sein）〈指示代名詞〉

_____ _____ voller Pathos und ausgezeichnet.

3. Ⓐ 君のおじさんが君に遺産として残したあの小さな家を、どうするんだい？

（mit ... machen / vererben）〈関係文は現在完了形〉

Was _____ du mit _____ _____ Haus, _____ dir

dein Onkel _____ _____ ?

Ⓑ あの家は 90 年になり、廃墟も同然です。 （halb / *e* Ruine）〈指示代名詞〉

_____ ist 90 Jahre alt und eine _____ Ruine.

私は、あの家を買ってくれる人を探しています。 （suchen / wollen）〈人称代名詞〉

Ich _____ jemand, _____ _____ kaufen

_____ .

♪94 **基本例文** **II -a** Basisbeispiel

Man nehme morgens eine Tablette. 　　　朝一錠服用すること。（処方箋）
Der Minister sagte, dass es keine Steuererhöhungen gebe.

増税はしない、と大臣は言った。

対話例文 **II -a** Dialogbeispiel

A： Sag mal, was steht im Rezept? 　　ねえ、レシピには何て書いてあるの？
B： Es steht nur, man nehme 500 Gramm Mehl, drei Eier und etwas
Milch und verrühre das Ganze zu einem Teig.

小麦粉 500 グラム、卵 3 個、牛乳少々を混ぜて生地にする、としか書いてません。

1 接続法第1式

不定詞の語幹＋-e

➡ 規則動詞、不規則動詞にかかわりなく、また助動詞も含めて、**不定詞の語幹**をもとにして作る。

• **接続法第 1 式の人称変化**

接続法第 1 式	komme	sei	habe	werde	könne	solle
ich	komme	sei	habe	werde	könne	solle
du	kommest	sei(e)st	habest	werdest	könnest	sollest
er/sie/es	komme	sei	habe	werde	könne	solle
wir	kommen	seien	haben	werden	können	sollen
ihr	kommet	seiet	habet	werdet	könnet	sollet
sie/Sie	kommen	seien	haben	werden	können	sollen

［注］sein の接続法第 1 式の変化は例外的。

◆ 主に書きことばやニュース・報道では間接話法として、あるいは機器などの説明書や薬の処方
箋、料理のレシピなどで用いられる。

Es wurde mitgeteilt, ein Pilot der Luftwaffe habe ein Ufo gesehen.

空軍のパイロットが UFO を見たと伝えられた。

◆ 専門書や学術書では、想定・仮定の表現として用いられる。

Der Radius des unbekannten Planeten X sei 40 Kilometer.

未知の惑星 X の半径は 40 キロメートルだとする。

◆ 要求や願いを表し、主に決まった言い回しの中で用いられる。

Gott vergebe uns unsere Sünden! 　　神よ , 私たちの罪をお許しください。
Sie möge glücklich werden! 　　彼女が幸せになりますように。
Es lebe die Freiheit! 　　自由万歳 !

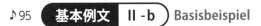

♪95 基本例文 II -b Basisbeispiel

Wenn Fisch billiger wäre, würde ich mehr Fisch essen.

魚がもっと安ければ、私はもっと魚を食べるのだが。

Wenn ich doch Fremdsprachen könnte!　外国語ができたらいいなあ。

対話例文 II -b Dialogbeispiel

A： Was möchten Sie trinken?　　お飲み物は何がいいですか？
B： Ich hätte gern ein Weizenbier.　ヴァイツェン（小麦）ビールをお願いします。

2　接続法第2式

・接続法第2式の人称変化　規則動詞：過去基本形と同形　不規則動詞：過去基本形＞ ⸚e

接続法第2式	käme	wäre	hätte	würde	könnte	sollte
ich	käme	wäre	hätte	würde	könnte	sollte
du	kämest	wär(e)st	hättest	würdest	könntest	solltest
er/sie/es	käme	wäre	hätte	würde	könnte	sollte
wir	kämen	wären	hätten	würden	können	sollten
ihr	kämet	wär(e)t	hättet	würdet	könntet	solltet
sie/Sie	kämen	wären	hätten	würden	könnten	sollten

① **非現実話法**

◆ **事実に反する仮定**

Wenn er da wäre, könnten wir das Spiel gewinnen. もし彼がいれば、我々は試合に勝てるのだが。

Hätte ich Zeit, [so] könnte ich dich besuchen. （Wenn の省略）

もし時間があれば、君を訪ねることができるのだが。

◆ **帰結部は würde ＋不定詞による言い換えが多用される傾向にある。**

An deiner Stelle würde ich früher ins Büro gehen.

君の立場であれば、私ならもっと早くオフィスに行くだろう。

◆ **仮定部および帰結部の独立用法**

Wenn ich doch ein Vogel wäre!　もし僕が鳥であればなあ。

Ich würde das nie tun.　私ならそんなことは決してしないでしょう。　（※ ich に強アクセントを置く）

◆ **als ob / als wenn「まるで〜のように」**

Du sprichst fließend Deutsch, als ob (als wenn) du ein Deutscher wärst.

君はまるでドイツ人であるかのように、流ちょうにドイツ語を話す。

② **婉曲的表現（外交辞令的用法）**

Ich hätte eine Frage.　ひとつお聞きしたいことがあるのですが。

1． 指示された動詞あるいは助動詞を接続法第１式の形にして、（　）に入れましょう。♪96

1）Ulrike sagt, Ärztin （　　　　　） ihr Traumberuf.　　　　　　　　〈sein〉
　　（ *r* Traumberuf あこがれの職業）

2）In der Zeitung steht, der Minister （　　　　　） zurücktreten.　　〈wollen〉
　　（ *r* Minister 大臣）

3）In der Zeitung steht, die Opposition （　　　　　） keine Minderheit mehr.　〈sein〉
　　（ *e* Opposition 野党 / *e* Minderheit 少数派）

4）In der Zeitung steht, die Regierung （　　　　　） eine Steuerreform durchführen.
　　（ *e* Regierung 政府 / *e* Steuerreform 税制改革 / durchführen 実施する）　〈müssen〉

2． 指示された動詞あるいは助動詞を接続法第２式の形にして、（　）に入れましょう。♪97

1）Ich （　　　　　） eine dringende Bitte.　　　　　　〈haben〉 （ *e* Bitte 頼み）

2）Wir （　　　　　） gern Herrn Steiner gesehen.　　〈haben〉

3）（　　　　　） du bitte leiser sprechen?　　　　　〈können〉

4）（　　　　　） Sie mir ein Glas Wasser bringen?　〈werden〉

5）（　　　　　） du mich bitte am Bahnhof abholen?　〈werden〉

3． 与えられた文の内容をもとに、指示された助動詞を接続法第２式にして、文をつくりましょう。♪98

1）Ich glaube, das stimmt so.　　　　　　〈müssen〉 （stimmen 合っている）
　➡

2）Ich glaube, dein Vater hat Recht.　　　〈können〉 （Recht haben 正しい）
　➡

3）Ich vermute, deine Tante ist sehr reich.　〈dürfen〉 （vermuten 推測する）
　➡

4）Ich vermute, das ist ein Irrtum.　　　　〈dürfen〉 （ *r* Irrtum 思い違い）
　➡

4． 与えられた文の内容（事実）をもとに、非現実話法（接続法第2式）で文をつくりましょう。♪99

1）Ich kann nicht mitkommen, weil ich keine Zeit habe.
　➡

2）Ich kann keine Weltreise machen, weil ich nicht viel Geld habe.
　➡

基 本 **Basis** ♪100

1. 容疑者は、自分は犯人ではないと主張している。（behaupten / sein）

Der Verdächtige ＿＿＿＿＿＿ , er ＿＿＿＿＿＿ nicht der Täter.

2. 新聞に、その国で軍事クーデターが起きたと載っている。（geschehen）

In ＿＿＿＿＿ Zeitung steht, in dem Land ＿＿＿＿＿ ein Militärputsch

＿＿＿＿＿ .

3. 君の助けがなかったら、私はそれをやり遂げることができなかっただろう。（schaffen / können）

Ohne ＿＿＿＿＿ Hilfe hätte ich das nicht ＿＿＿＿＿ ＿＿＿＿＿ .

4. 私は危うくその会議に遅刻するところだった。（kommen）

Fast ＿＿＿＿＿ ＿＿＿＿＿ zu spät zur Konferenz ＿＿＿＿＿ .

対 話 **Dialog** ♪101

1. Ⓐ フリッツが、英語の試験勉強をしないといけないと言っていた。（lernen / müssen）

Fritz ＿＿＿＿＿ gesagt, er ＿＿＿＿＿ für das Englisch-Examen ＿＿＿＿＿ .

Ⓑ 一体どうしてなの？

Aber warum denn?

Ⓐ 試験に落ちたら、もう奨学金がもらえなくなるんだ。（durchfallen / bekommen）

＿＿＿＿＿ er im Examen ＿＿＿＿＿ , ＿＿＿＿＿ er kein Stipendium

mehr.

2. Ⓐ うちのチーフが、この仕事を明日までに仕上げなければならないと言っている。（erledigen）

Unser Chef ＿＿＿＿＿ , wir ＿＿＿＿＿ diese Arbeit bis morgen ＿＿＿＿＿ .

Ⓑ そのことは私たちにもっと早く言うべきだったのに。（sagen / sollen）

Das hätte er uns früher ＿＿＿＿＿ ＿＿＿＿＿ .

今となってはもう遅すぎるわ。（zu spät sein）

Jetzt ＿＿＿＿＿ es wohl schon ＿＿＿＿＿ ＿＿＿＿＿ .

3. Ⓐ 私は温泉に入るのがとても気に入っています。（heiß / *pl* Quellen / gefallen）

Das Baden in ＿＿＿＿＿ Quellen ＿＿＿＿＿ mir sehr gut.

Ⓑ でも私には40度の熱は耐えられないと思うわ。（heiß / *s* Wasser / aushalten）

Aber ich glaube, 40 Grad ＿＿＿＿ Wasser ＿＿＿＿ nicht ＿＿＿＿ .

Ⓐ 入浴は健康にいい、とだけ考えなさい。（daran denken / sein）

Denken ＿＿＿＿＿ nur ＿＿＿＿＿ , dass Baden sehr gut für die

Gesundheit ＿＿＿＿＿ .

そうすれば、その温度に耐えられるでしょう。（*e* Temperatur / ertragen / sollen）

Dann ＿＿＿＿＿ Sie diese ＿＿＿＿＿ schon ＿＿＿＿＿ .

1 曜日 ♪102

| Sonntag 日曜日 | Montag 月曜日 | Dienstag 火曜日 |
| Mittwoch 水曜日 | Donnerstag 木曜日 | Freitag 金曜日 |

Samstag 土曜日（特に北部と東中部では Sonnabend）

2 季節 ♪103

| Frühling 春 | Sommer 夏 | Herbst 秋 | Winter 冬 |

3 月名 ♪104

Januar 1月	Februar 2月	März 3月	April 4月
Mai 5月	Juni 6月	Juli 7月	August 8月
September 9月	Oktober 10月	November 11月	Dezember 12月

4 数詞（基数）♪105

0 null

1 eins	11 elf	21 **ein**undzwanzig
2 zwei	12 zwölf	22 zweiundzwanzig
3 drei	13 drei**zehn**	23 dreiundzwanzig
4 vier	14 vierzehn	24 vierundzwanzig
5 fünf	15 fünfzehn	25 fünfundzwanzig
6 sechs	16 **sech**zehn	26 sechsundzwanzig
7 sieben	17 **sieb**zehn	27 siebenundzwanzig
8 acht	18 achtzehn	28 achtundzwanzig
9 neun	19 neunzehn	29 neunundzwanzig
10 zehn	20 zwan**zig**	30 drei**ß**ig

| 40 vierzig | 50 fünfzig | 60 **sech**zig | 70 **sieb**zig |
| 80 achtzig | 90 neunzig | 100 (ein)hundert | |

1,000 (ein)tausend	10,000 zehntausend
100,000 hunderttausend	200,000 zweihunderttausend
1,000,000 eine Million	30,000,000 dreißig Millionen
1,000,000,000 eine Milliarde	10,000,000,000 zehn Milliarden

5 序数詞 ♪106

◆ 1. ～ 19. までは、原則的に基数の語尾に -t を付け、20. 以上は語尾に -st を付ける。

1. **erst**	7. sieb(en)t	13. dreizehnt	19. neunzehnt
2. zweit	8. acht	14. vierzehnt	20. zwanzig**st**
3. **dritt**	9. neunt	15. fünfzehnt	21. einundzwanzig**st**
4. viert	10. zehnt	16. sechzehnt	100. hundert**st**
5. fünft	11. elft	17. siebzehnt	1000. tausend**st**
6. sechst	12. zwölft	18. achtzehnt	

◆序数詞が付加語的に用いられるときは、形容詞と同じように語尾が格変化する。

der 1. (= erste) Preis　1等賞

der 2. (= Zweite) Weltkrieg　第2次世界大戦

das 21. (= einundzwanzigste) Jahrhundert　21世紀

Die Schule beginnt in Japan am 1. (= ersten) April.

　　　　　　　　日本では学校は4月1日に始まる。

6 西暦の読み方 ♪107

1989　neunzehn**hundert**neunundachtzig

2024　zwei**tausend**vierundzwanzig

7 時刻の言い方 ♪108

Wie spät ist es? (= Wie viel Uhr ist es?)　何時ですか？

Es ist neun **Uhr**.　9時です。

6.03　sechs Uhr drei / drei **nach** sechs

7.50　sieben Uhr fünfzig / zehn **vor** acht

8.30　acht Uhr dreißig / **halb** neun

9.15　neun Uhr fünfzehn / **Viertel nach** neun

10.45　zehn Uhr fünfundvierzig / **Viertel vor** elf

11.24　elf Uhr vierundzwanzig / sechs **vor halb** zwölf

12.37　zwölf Uhr siebenunddreißig / sieben **nach halb** eins

8 天気（自然現象）　♪109

Es regnet. 雨が降る（降っている）　　Es schneit. 雪が降る（降っている）

Es blitzt. 稲光がする　　　　　　　　Es donnert. 雷が鳴る

Es gewittert. 雷雨になる

Es ist kalt. 寒い　　　　Es ist kühl. 涼しい　　　　Es ist heiß. 暑い

Es ist warm. 暖かい　　　Es ist schwül. 蒸し暑い　　Es zieht. すきま風が入る

Es ist sonnig. 晴れている　Es ist wolkig. 曇っている　Es ist windig. 風が強い

Es ist neblig. 霧が出ている

9 あいさつ　♪110

Guten Morgen! おはよう　　　　　　Guten Tag! こんにちは

Guten Abend! こんばんは　　　　　　Gute Nacht! おやすみ

Grüß Gott! （ドイツ南部・オーストリアで）おはよう / こんにちは / こんばんは

Hallo! やあ　（電話で）もしもし　　　Tschüs! じゃあね、バイバイ

Auf Wiedersehen! さようなら　　　　Auf Wiederhören! （電話で）さようなら

Danke! / Danke schön! ありがとう

Bitte! / Bitte schön! / Bitte sehr! どういたしまして

Keine Ursache! / Gern geschehen! どういたしまして

Nichts zu danken! どういたしまして

Guten Appetit! おいしく召し上がれ　Gute Besserung! （病人に対して）お大事に

Schönes Wochenende! よい週末を　　Gute Reise! よいご旅行を

Alles Gute! ごきげんよう（お元気で）

10 祝辞　♪111

Viel Glück! 幸運を祈ります

Herzlichen Glückwunsch! おめでとう

Herzlichen Glückwunsch zum Geburtstag! 誕生日おめでとう

Fröhliche Weihnachten! メリークリスマス

Glückliches neues Jahr! 新年おめでとう

11 警告 ♪112

Halt! 止まれ   Stehenbleiben! 立ち止まれ

Hände hoch! 両手を上げろ   Keine Bewegung! 動くな

12 家族・親戚 ♪113

Großeltern 祖父母   Großvater 祖父   Großmutter 祖母

Eltern 両親   Vater 父   Mutter 母

Geschwister 兄弟姉妹   Bruder 兄（弟）   Schwester 姉（妹）

Kind 子供   Enkel 孫   Enkelin 孫娘

Mann 夫   Frau 妻

Partner 伴侶（男）   Partnerin 伴侶（女）

Onkel おじ   Tante おば   Neffe 甥   Nichte 姪

Cousin （男の）いとこ   Cousine (Kusine) （女の）いとこ

主 な 不 規 則 動 詞 の 変 化 表

不 定 詞	直説法現在	直説法過去	接続法Ⅱ式	過 去 分 詞
befehlen 命じる	*du* befiehlst *er* befiehlt	**befahl**	beföhle (befähle)	**befohlen**
beginnen 始める		**begann**	begönne (begänne)	**begonnen**
beißen かむ	*du* beißt *er* beißt	**biss**	bisse	**gebissen**
bergen 救出する	*du* birgst *er* birgt	**barg**	bärge	**geborgen**
bieten 提供する		**bot**	böte	**geboten**
binden 結ぶ		**band**	bände	**gebunden**
bitten 頼む		**bat**	bäte	**gebeten**
blasen 吹く	*du* bläst *er* bläst	**blies**	bliese	**geblasen**
bleiben *s.* とどまる		**blieb**	bliebe	**geblieben**
braten (肉を)焼く	*du* brätst *er* brät	**briet**	briete	**gebraten**
brechen 折る	*du* brichst *er* bricht	**brach**	bräche	**gebrochen**
brennen 燃やす；燃える		**brannte**	brennte	**gebrannt**
bringen 持ってくる		**brachte**	brächte	**gebracht**
denken 考える		**dachte**	dächte	**gedacht**
dringen *s.* 突き進む		**drang**	dränge	**gedrungen**
dürfen …してもよい	*ich* darf *du* darfst *er* darf	**durfte**	dürfte	**gedurft** (**dürfen**)
empfehlen 勧める	*du* empfiehlst *er* empfiehlt	**empfahl**	empföhle (empfähle)	**empfohlen**
erschrecken *s.* 驚く	*du* erschrickst *er* erschrickt	**erschrak**	erschräke	**erschrocken**
essen 食べる	*du* isst *er* isst	**aß**	äße	**gegessen**
fahren *s.* (乗物で)行く	*du* fährst *er* fährt	**fuhr**	führe	**gefahren**
fallen *s.* 落ちる	*du* fällst *er* fällt	**fiel**	fiele	**gefallen**

不 定 詞	直説法現在	直説法過去	接続法Ⅱ式	過 去 分 詞
fangen 捕える	*du* fängst *er* fängt	**fing**	finge	**gefangen**
finden 見つける		**fand**	fände	**gefunden**
fliegen *s.* 飛ぶ		**flog**	flöge	**geflogen**
fliehen *s.* 逃げる		**floh**	flöhe	**geflohen**
fließen *s.* 流れる	*du* fließt *er* fließt	**floss**	flösse	**geflossen**
fressen (動物が)食う	*du* frisst *er* frisst	**fraß**	fräße	**gefressen**
frieren 凍える		**fror**	fröre	**gefroren**
gebären 産む		**gebar**	gebäre	**geboren**
geben 与える	*du* gibst *er* gibt	**gab**	gäbe	**gegeben**
gehen *s.* 行く		**ging**	ginge	**gegangen**
gelingen *s.* 成功する		**gelang**	gelänge	**gelungen**
gelten 通用する	*du* giltst *er* gilt	**galt**	gölte (gälte)	**gegolten**
genießen 楽しむ	*du* genießt *er* genießt	**genoss**	genösse	**genossen**
geschehen *s.* 起こる	*es* geschieht	**geschah**	geschähe	**geschehen**
gewinnen 獲得する		**gewann**	gewönne (gewänne)	**gewonnen**
gießen 注ぐ	*du* gießt *er* gießt	**goss**	gösse	**gegossen**
gleiten *s.* すべる		**glitt**	glitte	**geglitten**
graben 掘る	*du* gräbst *er* gräbt	**grub**	grübe	**gegraben**
greifen つかむ		**griff**	griffe	**gegriffen**
haben 持っている	*du* hast *er* hat	**hatte**	hätte	**gehabt**
halten 保つ	*du* hältst *er* hält	**hielt**	hielte	**gehalten**
hängen 掛かっている		**hing**	hinge	**gehangen**
heben 持ち上げる		**hob**	höbe (hübe)	**gehoben**

不定詞	直説法現在	直説法過去	接続法Ⅱ式	過去分詞
heißen …という名である	*du* heißt *er* heißt	**hieß**	hieße	**geheißen**
helfen 助ける	*du* hilfst *er* hilft	**half**	hülfe (hälfe)	**geholfen**
kennen 知っている		**kannte**	kennte	**gekannt**
klingen 鳴る		**klang**	klänge	**geklungen**
kommen *s.* 来る		**kam**	käme	**gekommen**
können …できる	*ich* kann *du* kannst *er* kann	**konnte**	könnte	**gekonnt** (**können**)
kriechen *s.* はう		**kroch**	kröche	**gekrochen**
laden 積み込む	*du* lädst *er* lädt	**lud**	lüde	**geladen**
lassen …させる	*du* lässt *er* lässt	**ließ**	ließe	**gelassen** (**lassen**)
laufen *s.* 走る	*du* läufst *er* läuft	**lief**	liefe	**gelaufen**
leiden 苦しむ		**litt**	litte	**gelitten**
leihen 貸す		**lieh**	liehe	**geliehen**
lesen 読む	*du* liest *er* liest	**las**	läse	**gelesen**
liegen 横たわっている		**lag**	läge	**gelegen**
lügen うそをつく		**log**	löge	**gelogen**
meiden 避ける		**mied**	miede	**gemieden**
messen 測る	*du* misst *er* misst	**maß**	mäße	**gemessen**
mögen …だろう, 好きだ	*ich* mag *du* magst *er* mag	**mochte**	möchte	**gemocht** (**mögen**)
müssen …しなければならない	*ich* muss *du* musst *er* muss	**musste**	müsste	**gemusst** (**müssen**)
nehmen 取る	*du* nimmst *er* nimmt	**nahm**	nähme	**genommen**
nennen 名づける		**nannte**	nennte	**genannt**

不 定 詞	直説法現在	直説法過去	接続法Ⅱ式	過 去 分 詞
preisen ほめる	*du* preist *er* preist	**pries**	priese	**gepriesen**
raten 忠告する	*du* rätst *er* rät	**riet**	riete	**geraten**
reißen 裂く	*du* reißt *er* reißt	**riss**	risse	**gerissen**
reiten *s.* 馬で行く		**ritt**	ritte	**geritten**
rennen *s.* 駆ける		**rannte**	rennte	**gerannt**
riechen におう		**roch**	röche	**gerochen**
rufen 呼ぶ		**rief**	riefe	**gerufen**
schaffen 創造する		**schuf**	schüfe	**geschaffen**
scheiden 分ける		**schied**	schiede	**geschieden**
scheinen 輝く		**schien**	schiene	**geschienen**
schelten しかる	*du* schiltst *er* schilt	**schalt**	schölte (schälte)	**gescholten**
schieben 押す		**schob**	schöbe	**geschoben**
schießen 撃つ	*du* schießt *er* schießt	**schoss**	schösse	**geschossen**
schlafen 眠る	*du* schläfst *er* schläft	**schlief**	schliefe	**geschlafen**
schlagen 打つ	*du* schlägst *er* schlägt	**schlug**	schlüge	**geschlagen**
schleichen *s.* 忍び歩く		**schlich**	schliche	**geschlichen**
schließen 閉める	*du* schließt *er* schließt	**schloss**	schlösse	**geschlossen**
schmelzen *s.* 溶ける	*du* schmilzt *er* schmilzt	**schmolz**	schmölze	**geschmolzen**
schneiden 切る		**schnitt**	schnitte	**geschnitten**
schreiben 書く		**schrieb**	schriebe	**geschrieben**
schreien 叫ぶ		**schrie**	schriee	**geschrien**
schreiten *s.* 歩く		**schritt**	schritte	**geschritten**
schweigen 黙っている		**schwieg**	schwiege	**geschwiegen**

不 定 詞	直説法現在	直説法過去	接続法Ⅱ式	過 去 分 詞
schwimmen *s.* 泳ぐ		**schwamm**	schwömme (schwämme)	**geschwommen**
schwinden *s.* 消える		**schwand**	schwände	**geschwunden**
schwören 誓う		**schwor** (**schwur**)	schwüre	**geschworen**
sehen 見る	*du* siehst *er* sieht	**sah**	sähe	**gesehen**
sein *s.* (…で)ある	*ich* bin *wir* sind *du* bist *ihr* seid *er* ist *sie* sind	**war**	wäre	**gewesen**
senden 送る	*du* sendest *er* sendet	**sandte** (**sendete**)	sendete	**gesandt** (**gesendet**)
singen 歌う		**sang**	sänge	**gesungen**
sinken *s.* 沈む		**sank**	sänke	**gesunken**
sitzen すわっている	*du* sitzt *er* sitzt	**saß**	säße	**gesessen**
sollen …すべきである	*ich* soll *du* sollst *er* soll	**sollte**	sollte	**gesollt** (**sollen**)
sprechen 話す	*du* sprichst *er* spricht	**sprach**	spräche	**gesprochen**
springen *s.* 跳ぶ		**sprang**	spränge	**gesprungen**
stechen 刺す	*du* stichst *er* sticht	**stach**	stäche	**gestochen**
stehen 立っている		**stand** (**stund**)	stünde (stände)	**gestanden**
stehlen 盗む	*du* stiehlst *er* stiehlt	**stahl**	stähle (stöhle)	**gestohlen**
steigen *s.* 登る		**stieg**	stiege	**gestiegen**
sterben *s.* 死ぬ	*du* stirbst *er* stirbt	**starb**	stürbe	**gestorben**
stoßen 突く	*du* stößt *er* stößt	**stieß**	stieße	**gestoßen**
streichen なでる		**strich**	striche	**gestrichen**
streiten 争う		**stritt**	stritte	**gestritten**
tragen 運ぶ	*du* trägst *er* trägt	**trug**	trüge	**getragen**

不 定 詞	直説法現在	直説法過去	接続法Ⅱ式	過 去 分 詞
treffen 会う	*du* triffst *er* trifft	**traf**	träfe	**getroffen**
treiben 駆りたてる		**trieb**	triebe	**getrieben**
treten *s.* 歩む	*du* trittst *er* tritt	**trat**	träte	**getreten**
trinken 飲む		**trank**	tränke	**getrunken**
trügen だます		**trog**	tröge	**getrogen**
tun する	*ich* tue *du* tust *er* tut	**tat**	täte	**getan**
verderben だめにする	*du* verdirbst *er* verdirbt	**verdarb**	verdürbe	**verdorben**
vergessen 忘れる	*du* vergisst *er* vergisst	**vergaß**	vergäße	**vergessen**
verlieren 失う		**verlor**	verlöre	**verloren**
wachsen *s.* 成長する	*du* wächst *er* wächst	**wuchs**	wüchse	**gewachsen**
waschen 洗う	*du* wäschst *er* wäscht	**wusch**	wüsche	**gewaschen**
weichen *s.* よける		**wich**	wiche	**gewichen**
weisen 指示する	*du* weist *er* weist	**wies**	wiese	**gewiesen**
wenden 向ける	*du* wendest *er* wendet	**wandte** (**wendete**)	wendete	**gewandt** (**gewendet**)
werben 募集する	*du* wirbst *er* wirbt	**warb**	würbe	**geworben**
werden *s.* (…に)なる	*du* wirst *er* wird	**wurde** (**ward**)	würde	**geworden** (**worden**)
werfen 投げる	*du* wirfst *er* wirft	**warf**	würfe (wärfe)	**geworfen**
wissen 知っている	*ich* weiß *du* weißt *er* weiß	**wusste**	wüsste	**gewusst**
wollen …するつもりで ある	*ich* will *du* willst *er* will	**wollte**	wollte	**gewollt** (**wollen**)
ziehen 引く		**zog**	zöge	**gezogen**
zwingen 強いる		**zwang**	zwänge	**gezwungen**

75

アドヴァンス 12　初級ドイツ語文法

2024 年 4 月 1 日　初版発行
著　者　神　竹　道　士
発行者　柏　倉　健　介
発行所　株式会社　郁文堂
113-0033 東京都文京区本郷 5-30-21
電話［営業］03-3814-5571
［編集］03-3814-5574
振替　00130-1-14981

ISBN 978-4-261-01282-8
© 2024 Printed in Japan